Line Dance

DAS ULTIMATIVE DEUTSCHSPRACHIGE LINE DANCE BUCH

VON
SUSANNE SCHALEWA & GERT WOLLSCHLÄGER

BER VERLAG BERLIN

SUSANNE SCHALEWA & GERT WOLLSCHLÄGER
Line Dance

DAS ULTIMATIVE DEUTSCHSPRACHIGE LINE DANCE BUCH

1. Auflage 1998
© Ber - Verlag und Vertriebs GbR Berlin, Wolfgang Retzlaff & Kai Ulatowski
Scharnweberstraße 118, 13405 Berlin, Tel.: 030 / 41 70 29 70, Fax: 030 / 41 70 29 71
Umschlaggestaltung: Wolfgang Retzlaff & Frank Lange
Fotos: Frank Lange, Ber Verlag, Archiv Susi & Gert
Layout: Wolfgang Retzlaff
Belichtung: R&C Verlag, Berlin
Druck und Weiterverarbeitung: Bars & Co, Berlin
Vertrieb: Ber - Verlag und Vertriebs GbR Berlin
          Wolfgang Retzlaff & Kai Ulatowski
Printed in Germany
ISBN 3 - 9803535 - 3 - 2

INHALT

Vorwort

Liebe Tänzer/innen,

mit dem „Ultimativen Line Dance Buch" haben wir versucht ein Werk zusammenzustellen, welches wirklich genutzt werden kann und nicht im Bücherregal einstaubt. Ob etwas ältere oder brandneue Tänze – es ist eine gute Mischung von Tänzen, die wir „cool" finden und gern tanzen. Und es ist bestimmt für jeden etwas dabei: Für Anfänger und Fortgeschrittene!

Es sind deutsche Beschreibungen unter Verwendung englischer Fachbegriffe, die auf der ganzen Welt genutzt werden. Die wichtigsten Begriffe haben wir in einem zusätzlichen Kapitel für euch alphabetisch geordnet und erläutert.

In den Tanzbeschreibungen haben wir die Fachbegriffe benutzt, die auch die jeweiligen Choreographen in ihren Step Descriptions verwendeten, da wir das nicht ändern wollten. Es kann also vorkommen, daß unterschiedliche Personen für die gleichen Schritte andere Namen verwenden. In unserer alphabetischen Liste hielten wir uns weitgehend an die Fachbezeichnungen, die von der National Teachers Association (NTA) vorgegeben sind. Wir hoffen, daß wir die Tänze so aufgearbeitet haben, daß ihr gut damit arbeiten könnt.

Für viele Tänze gibt es verschiedene musikalische Möglichkeiten, nach denen getanzt werden kann. Wir haben in einem solchen Fall immer mehrere Beispiele zusammengestellt. Sollte ein Tanz für einen bestimmten Song choreographiert worden sein, so haben wir diesen unterstrichen. Es gibt Tänze, die nur zu diesem einen Lied passen (z. B. „Let ´er Rip" von Peter Metelnick zur Musik mit dem gleichnamigen Titel von Dixie Chicks). In solch einem Fall haben wir natürlich auch keine weiteren Musikangaben.

Ein Wort zu den Counts: Damit nach Tanzbeschreibungen korrekt getanzt werden kann, ist die Angabe von Zählzeiten unbedingt erforderlich. Ein Count steht im Allgemeinen für einen Taktschlag im 4/4 Takt. Die &-Counts bedeuten, daß diese Bewegung sich mit der vorangegangenen Bewegung einen Taktschlag teilen muß, also zwei schnelle Schritte oder Bewegungen auf einen Taktschlag. Die Zahl der Counts verringert sich beispielsweise beim Walzer im 3/4-Takt (1, 2, 3, 4, 5, 6).

An dieser Stelle auf andere Taktarten (2/4 Takt) näher einzugehen, würde den Rahmen dieses Vorwortes sprengen.

Wir freuen uns über die spontane Zustimmung aller Choreographen, ihre Tänze in diesem Buch zu veröffentlichen. Das Schreiben dieses Buches wurde begleitet von vielen netten Telefonaten, meterlangen Faxberichten und unzähligen e-mails, so daß uns die Arbeit an diesem Buch große Freude bereitete.

Wir wünschen Euch viel Freude beim Tanzen!
SEE YOU ON THE DANCEFLOOR!
Susi & Gert

Eine Seite vieler Danksagungen
für nette Leute, die uns immer unterstützt haben.

Wir danken herzlich Wolfgang Retzlaff und Kai Ulatowski vom Ber Verlag Berlin und der Western Mail, sowie American Tie mit Frank Lange und Kai Ulatowski, die es uns ermöglicht haben dieses Buch zu veröffentlichen.

Wolfgang und Kai verbrachten für uns Stunden am Computer, Iris Paech beim Korrekturlesen. Dankeschön !
(Leider können wir jetzt keinen Schritt mehr tanzen, da Franky uns immer gut mit Food & Drinks versorgte.)

Dank James Ainsworth, Jörg Hammer und Barry Durand, die immer für uns da waren.

Ein großes Dankeschön auch dem Western Saloon, der uns schon seit Jahren ein Zuhause bietet und unseren Tanzkursteilnehmern und Teammitgliedern für die schöne Zeit, die wir mit ihnen auf den Tanzflächen verbringen.

Ein großer Dank natürlich an unsere Familie!

Many thanks CHOREOGRAPHERS!

ÜBER
DIE
AUTOREN

Susanne Schalewa

Schon mit 5 Jahren begann Susi mit dem Tanzen. Damals ging sie zum Ballett und später zum Jazz Dance. Dies verfolgte sie kontinuierlich bis zu ihrem 14. Lebenjahr. 1986 hatte sie bei einem Judo – Wettkampf einen Unfall und mußte anschließend aufgrund großer Knieprobleme mit sämtlichen Sportarten aufhören und konnte auch leider ihre Liebe zum Tanzen nicht weiter verfolgen.

Die USA war schon ihr Lieblingsreiseziel, aber erst durch Gert lernte sie die Country Music kennen und ihr Interesse für Line Dance wurde geweckt. Gemeinsam besuchten sie 1994 im Western Saloon Berlin ihren ersten Tanzkurs.

Ab 1995 siehe gemeinsame Biographie!

Susi mit Barry Durand
auf der CMM in Berlin 1998

Nach der Auszeichnung mit dem
"Country Spirit Europe" 98
(Susi, Frank Lange
und Bezirksbürgermeisterin M. Wanjura)

Hop In Boots 1998

10

Gert Wollschläger

Gert wuchs mit Country Music und Rock `n` Roll Musik auf. Sein älterer Bruder spielte mit seiner Band hauptsächlich R`n`R. Der gute alte AFN spielte zur damaligen Zeit natürlich auch eine wichtige Rolle. Die wichtigste Sportart für ihn war natürlich auch amerikanischen Ursprungs: Basketball! Bereits in der Schule begann Gert mit Square Dance, widmete sich dann ausschließlich seinen sportlichen Hobbies. Durch seine Neigung, vornehmlich Autos und Motorräder aus amerikanischer Produktion zu fahren und seinen jährlichen Reisen in die USA brach der Kontakt zur Country Music nie ab. Trainer- und Preisrichtererfahrungen sammelte er schon jahrelang im sportlichen Bereich. Tanzen war lange Zeit nicht angesagt, zumindest bis Susanne in sein Leben trat.

Gert und Superstar Robert Royston nach dem Workshop 1997 in Berlin

1998 an der East Side Gallery mit A. T. Kinson

11

Susanne Schalewa & Gert Wollschläger
ab 1995

1994 besuchten beide gemeinsam ihren ersten Tanzkurs im Western Saloon. Bald merkten sie, daß ihnen das nicht ausreichte, besorgten sich selbst Materialien und kontaktierten andere Tanzlehrer in Deutschland und den USA.

1995 begannen sie dann mit einem eigenen Tanzkurs im Saloon. Ihre pädagogische und didaktische Ausbildung, sowie Gerts musikalische Grundlagen erleichterten ihnen den Einstieg. Schon am ersten Abend platzte der Kurs aufgrund der großen Nachfrage so aus den Nähten, daß er auf 2 Tage verteilt werden mußte. Auf der Country Music Messe in Berlin wurde ein Tanzkurs-Gutschein verlost. Schnell mußte ein Name für die Gruppe gefunden werden. „In Cahoots" (to be incahoots with... – unter einer Decke stecken mit...) lag nahe, denn schließlich war es ihr Ziel, alle Tänzer unter eine Decke zu bringen, außerdem lieben sie den Saloon „In Cahoots" in San Diego. Aus 2 Tanzabenden wöchentlich wurden mittlerweile 3 Tanzkurse.

1996 lernten sie Jörg Hammer kennen und traten in die German Country & Western Dance Association (GCWDA) und Gert in die National Teachers Association (NTA) ein. Im gleichen Jahr organisierten sie mit Hilfe der GCWDA ihren ersten Workshop mit dem international bekannten Tanzlehrer und Preisrichter Dorsey Napier. Es folgten Workshops mit Barry Durand, Robert Royston und Laureen Baldovi, A.T. Kinson, die gemeinsam mit James Ainsworth und Jörg Hammer von American Dance Tours organisiert wurden.

Im Western Saloon Berlin

12

1997 gründeten sie ihr erstes Team, welches aus 12 Mitgliedern bestand. Zum ersten Mal nahmen sie an den Deutschen Meisterschaften teil und wurden Deutsche Vizemeister! Ein Jahr später traten sie auf den Europameisterschaften sogar mit einem Team von 30 Tänzern an, welches in 3 Gruppen eingeteilt war. Folgende Titel wurden errungen:

1st Place Cabaret Dance (European Champion), 2nd Place Team Combination Line, 2nd Place Individual Solo.

Die gleichen Ergebnisse waren auf den Deutschen Meisterschaften zu verbuchen. Susi und Gert choreografieren die Programme für ihr Team selbst.

Ohne jegliches Training traten beide auf den Europameisterschaften auch im Two Step an und gewannen den 3. Platz in der Honky Tonk Division.

Gert nahm am Judge Certification Program der UCWDC erfolgreich teil.

1998 wurde Susi der „Country Spirit Europe 98" anläßlich der Country Music Messe in Berlin verliehen.

Mindestens einmal im Jahr fliegen sie in die Staaten, um Urlaub zu machen und zu tanzen. Viele Gelegenheiten werden genutzt, um Privatunterricht zu nehmen und neue Kontakte zu knüpfen.

Susi und Gert mit ihrem glücklichen Team auf den Deutschen Meisterschaften 1998 in Kleinostheim

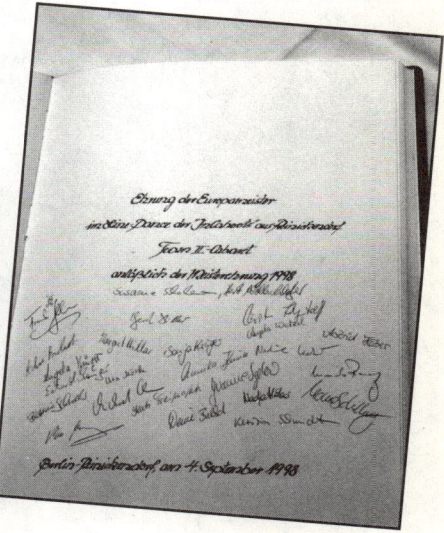

Eintrag ins Goldene Buch des Bezirks Reinickendorf von Berlin September 1998

13

WIE IST
LINE DANCE
ENTSTANDEN ?

Eine Frage und eine Vielzahl unterschiedlicher Antworten. Deshalb hier an dieser Stelle die am weitesten verbreitete Version.

Die Emigranten, die einst die heutige USA besiedelten, hatten selbstverständlich auch ihr kulturelles Erbe im Gepäck. Von Clantänzen der Iren und der Schotten, vom Menuett bis zum Schottische über Polka und Contra Dance, sowie vielen anderen Tanzformen wurden diese in der neuen Welt gepflegt, vielen Leuten nähergebracht, aber teilweise auch vernachlässigt und gerieten dann in Vergessenheit. Wahrlich ein Thema für eine Doktorarbeit!

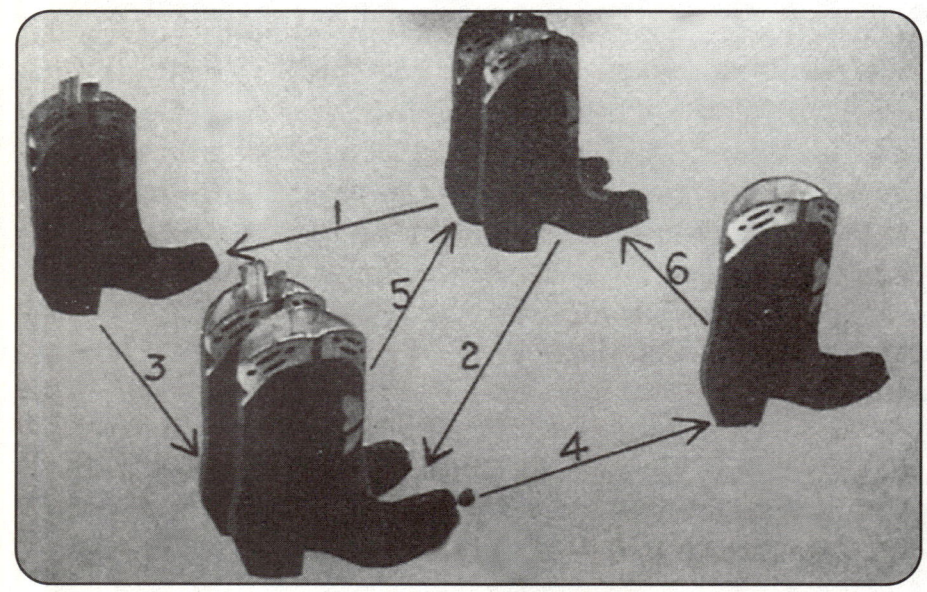

**Aus dem Buch "Cowboy Dances"
von Lloyd Shaw, 1936.**

Viele Tanzformen wurden in die Schulen als Unterrichtsfach übernommen. Auch heute noch gibt es viele Schulen in den USA, in denen das Tanzen als Pflichtprogramm in den Unterrichtsfächern auftaucht. Auch der "Contredanse" der Franzosen, bei dem sich zwei Linien von Tänzern gegenüberstehen, trug sicherlich zur Gesamtentstehung des heutigen Line Dances bei.

Nun ein zeitlicher Sprung in die Ära des Rock `n` Roll: Ende der 50er, Anfang der 60er Jahre ging man verstärkt dazu über in Reihen zu tanzen. Highlight in dieser Zeit war die amerikanische TV Sendung "American Bandstand, in der - nun auch unter der Bezeichnung Line Dance - die neuesten Tänze wöchentlich gezeigt wurden. Es handelte sich um sehr einfache Schrittmuster, zum Beispiel den "Elephant Walk".

In den folgenden Jahrzehnten zeichneten sich sicherlich Filme wie "Urban Cowboy" mit John Travolta (1980) oder Billy Ray Cyrus' Hit "Achy Breaky Heart" (1993) und viele andere für den nicht endenden Boom LINEDANCE verantwortlich.

Line Dancing boomt und boomt und boomt und ... .

Die stetig wachsende Zahl von Tänzen, Tanzwilligen, Wettbewerben, Tanzkursen und Saloons belegt das eindrucksvoll, besonders wenn man die Teilnehmerzahlen der von Jahr zu Jahr größer werdenden Deutschen Meisterschaften und Europameisterschaften betrachtet. Auch in europäischen Schulen wird immer mehr Line Dance betrieben.

Unseres Wissens strahlte der WDR eine Sendung zum Thema "Entwicklung des Line Dances" vor langer Zeit zu einem nächtlichen Sendetermin aus.

Das Thema "Country und Western Tanz" gibt eine Vielzahl von Ansatzmöglichkeiten her. Die linguistische Beziehung des aus dem französisch stammenden "contredanse" und dem englischen "country dance" wäre solch eine Möglichkeit. Zum Thema Square Dance sind in dieser Hinsicht schon vereinzelt Ergebnisse veröffentlicht.

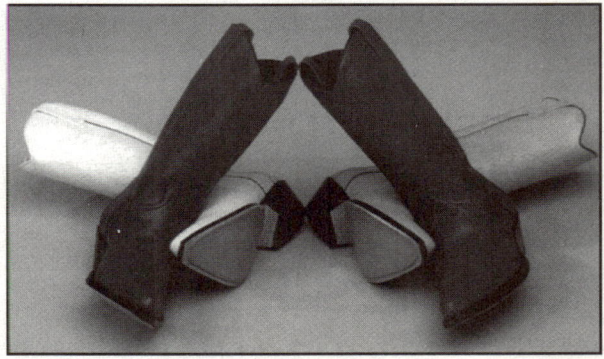

Englische
Fachbegriffe auf
deutsch erklärt ...

Die in Schrittbeschreibungen am häufigsten verwendeten Fachtermini

A

Across
Bewegung quer zur Tanzrichtung
(LOD – Line Of Dance, siehe unter L)

Ankle Rock
Gewichtswechsel von einem Fuß auf den anderen,
dabei sind die Beine (Ankle = Knöchel) gekreuzt.

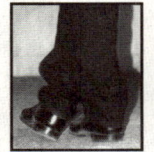 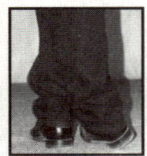

Applejack
Beispiel nach rechts:

1   mit dem Gewicht auf dem linken Ballen
und rechten Hacken beide Fußspitzen
nach außen drehen (Hacken zeigen nach innen)

2   Füße wieder zurück in die Ausgangsposition drehen

B

Ball Change
Ein schneller Gewichtswechsel vom Ballen des einen Fußes auf den anderen Fuß,
oft geht dieser Bewegung ein Kick oder Heel Touch voran.

Behind
Der freie Fuß wird hinter den belasteten Fuß gesetzt.

Body Roll
Eine fließende, schlangenartige Bewegung, die in einem Körperteil beginnt und in
einem anderen endet.

BPM

Beats pro Minute – Musikgeschwindigkeit
Polka	: 114 - 130 BPM
Cha Cha	: 100 - 116 BPM
Waltz (Walzer)	: 84 - 100 BPM
Two Step	: 182 - 198 BPM
East Coast Swing	: 142 - 158 BPM
West Coast Swing	: 112 - 128 BPM

Break

a) Stoppen jeglicher Bewegung
b) Rhythmuswechsel

Brush

Das freie (unbelastete) Bein schwingt nach vorn, dabei wird der Boden leicht berührt. Nach einem Brush ist der Fuß in der Luft und eine weitere Bewegung ist notwendig, um den Fuß wieder zum Boden zurückzubringen.

Bump

Hüftbewegung

CCW / CW

Counter Clockwise / Clockwise
CCW – Tanzrichtung entgegen dem Uhrzeigersinn
CW - Tanzrichtung im Uhrzeigersinn

Charleston

auch Charleston Kick
Schrittmuster mit 4 Zählzeiten (4 count step pattern)

Beispiel :
1	mit dem linken Fuß einen Schritt vorwärts setzen
2	mit dem rechten Fuß vorwärts kicken
3	mit dem rechten Fuß einen Schritt rückwärts setzen
4	mit der linken Fußspitze hinten auf den Boden tippen

Chassé

Eine Serie von Seitwärtsschritten, kann auch vorwärts, rückwärts ausgeführt werden, der freie (unbelastete Fuß) geht niemals am belasteten vorbei.

Close

Das Zusammenbringen der Füße ohne Gewichtswechsel.

Coaster Step

Der Coaster Step besteht aus 3 Schritten. Man kann ihn mit links oder rechts beginnen.

Beispiel mit rechts:

1	mit dem rechten Fuß einen Schritt rückwärts setzen
&	linken Fuß neben den rechten Fuß stellen
2	mit dem rechten Fuß einen Schritt vorwärts setzen

Count

Zählzeit

Der Rhythmus der Fußbewegungen und Gewichtswechsel oder die Beats der Musik können gezählt werden.

z. B. :   1, 2, 3, 4, ...
1&2, 3&4, 5&6, ...
&1, 2, 3, 4, &5, ...

Cross

Der freie Fuß kreuzt vor oder hinter dem belasteten Fuß.

D

Diagonal

45° Winkel vom Zentrum

Dig

Der Boden wird mit einer Fußspitze oder einem Hacken mit starker Betonung berührt.

F

Fan
Siehe Heel Fan oder Toe Fan!

Figure Fore (Four)
Das unbelastete Bein schwingt wie ein Pendel vor dem belasteten Bein.
Die Fußspitze des pendelnden Beines ist zum Boden gerichtet.

Foot Boogie
Schrittmuster (4Zählzeiten):
1   beide Fußspitzen nach außen drehen
2   beide Hacken nach außen drehen
3   beide Hacken wieder zurückdrehen
4   beide Fußspitzen wieder zurückdrehen,
        so daß die Füße wieder parallel nebeneinander stehen

Footwork
Die fünf Fußpositionen im CW Tanz:

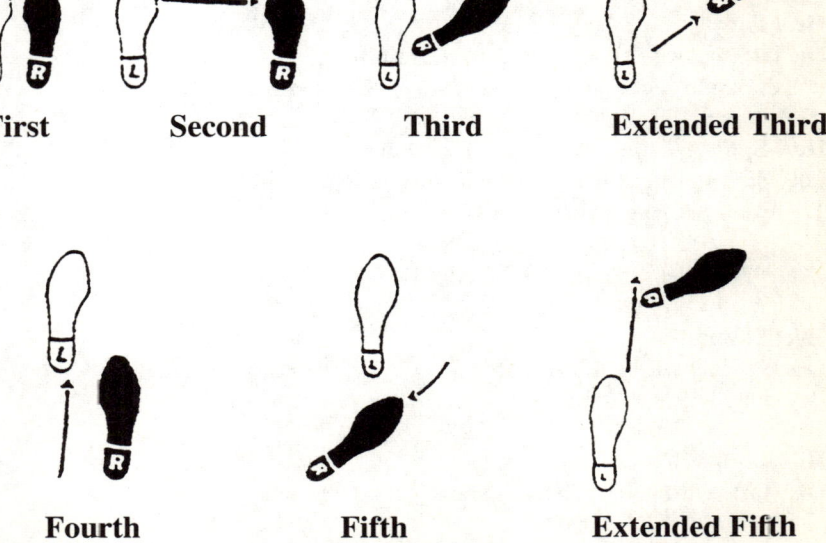

| First | Second | Third | Extended Third |

| Fourth | Fifth | Extended Fifth |

Freeze
Stop! Keine Bewegung!

G

Grapevine
auch Vine
Beispiel Grapevine nach rechts:
1   mit dem rechten Fuß einen Schritt zur rechten Seite setzen
2   linkes Bein hinter dem rechten Bein kreuzen und den Fuß absetzen
3   mit dem rechten Fuß einen Schritt zur rechten Seite setzen
4   Kick, Brush, Touch o.ä.

H

Heel
Mit dem linken oder rechten Hacken auf den Boden tippen.

Heel Ball Change
Siehe Ball Change (und Heel)

Heel Fan
Die Füße stehen nebeneinander (1. Position)
und der linke oder rechte Hacken wird nach außen gedreht und wieder zurück.

Heel Splits
Füße stehen nebeneinander, Gewicht ist auf beiden Ballen.
1   beide Hacken nach außen drehen
2   beide Hacken zurückdrehen
(Auch schneller möglich auf &1 oder 1&)

Heel Stomps
Das Gewicht wird auf beide Ballen verlagert, die Hacken werden angehoben und mit
Betonung wieder gesenkt.

Hip Bumps
Die Hüfte wird in eine Richtung bewegt und ggf. wieder zurück.

Hitch
Ein Knie wird hochgezogen.

Hold
Eine Pause (1 Count oder mehrere), bevor der nächste Schritt
(die nächste Bewegung) ausgeführt wird.

Hook
Der freie Fuß kreuzt vor dem
Schienbein des belasteten Fußes.

Hop
Mit einem Fuß einen Sprung ausführen und auf demselben Fuß landen.

J

Jazz Box
auch Jazz Square, Square Box

Beispiel mit rechts:
1   rechtes Bein vor dem linken Bein kreuzen und den Fuß absetzen
2   mit dem linken Fuß einen Schritt rückwärts setzen
3   mit dem rechten Fuß einen Schritt zur rechten Seite setzen
4   linken Fuß neben den rechten Fuß setzen

Jump
Mit beiden Füßen springen und auf beiden Füßen landen.

K

Kick
Den rechten oder linken Fuß anheben und in der Luft vorwärts, rückwärts oder seitwärts bewegen bis das Bein gestreckt ist. Die Fußspitze sollte gestreckt sein.

Kick Ball Change
Beispiel mit rechts:
1   mit dem rechten Fuß vorwärts kicken
&   mit dem rechten Ballen einen kleinen
        Schritt rückwärts setzen (Gewicht rechts)
2   Gewicht wieder auf den linken Fuß verlagern

Knee Pop
Ein Hacken wird angehoben und das Knie gebeugt.

Lock
Eine Position mit eng gekreuzten Füßen.

Lock Step
Mit einem Fuß wird ein Schritt vorwärts gesetzt. Der andere Fuß wird eng hinter den vorderen gesetzt, so daß die Knöchel sich kreuzen.

LOD
Line Of Dance (siehe auch CCW oder CW)
Tanzrichtung beim Line Dance oder Tanzrichtung auf der Tanzfläche.

M

Monterey Turn
Schrittmuster auf 4 Zählzeiten
Beispiel:

1   rechtes Bein zur rechten Seite ausstrecken und
        mit der Fußspitze auf den Boden tippen
2   1/2 Drehung auf dem linken Ballen nach rechts ausführen,
        rechten Fuß an den linken Fuß heranziehen und absetzen
3   linkes Bein zur linken Seite ausstrecken
        und mit der Fußspitze auf den Boden tippen
4   linken Fuß neben den rechten Fuß stellen

Es ist auch 1/4, 3/4 oder ganze Drehung möglich und kann natürlich auch in die andere Richtung getanzt werden.

O

O´Clock
Richtungsanzeige wie die Zeiger einer Uhr, die in eine bestimmte Richtung zeigen.

P

Popcorn
auch Knee Rolls, Elvis Knee
Beispiel mit rechts:
Das rechte Bein ist unbelastet, nur der Ballen berührt den Boden und das wird im
Halbkreis nach rechts und wieder zurück in die Ausgangsposition gebracht.
(auch eine oder mehrere ganze Drehungen möglich)

Polka
auch Polka Step, Shuffle, Triple oder Coupledance (Paartanz)
Beispiel mit rechts:

1	mit dem rechten Fuß einen Schritt vorwärts setzen
&	linken Fuß an den rechten Fuß setzen (3. Position)
2	mit dem rechten Fuß einen Schritt vorwärts setzen

(auch seitwärts oder rückwärts möglich)

Point
Das gestreckte freie Bein zeigt nach vorn, hinten oder zur Seite und die Fußpitze
berührt den Boden oder zeigt nach unten.

R

Rock
Ein Gewichtswechsel von einem Bein auf das andere.

Rocking Chair
Schrittmuster (4 Zählzeiten)
Beispiel mit rechts:

1	mit dem rechten Fuß einen Schritt vorwärts setzen (Gewicht rechts)
2	Gewicht auf den linken Fuß verlagern
3	mit dem rechten Fuß einen Schritt rückwärts setzen (Gewicht rechts)
4	Gewicht auf den linken Fuß verlagern

Rock Step
auch Break Step, Check Step
Zwei Gewichtswechsel in entgegengesetzte Richtungen.
Vorwärts oder rückwärts in 5. Position, seitwärts in 2. Position

Running Man

Beispiel:

1	mit dem rechten Fuß einen Schritt vorwärts setzen
&	auf dem rechten Fuß etwas rückwärts über den Boden rutschen und gleichzeitig das linke Knie anheben
2	mit dem linken Fuß einen Schritt vorwärts setzen
&	auf dem linken Fuß etwas rückwärts über den Boden rutschen und gleichzeitig das rechte Knie anheben usw.
	Die Schritte können auch diagonal gesetzt werden.

S

Scoot

auch Chug

Ein Gleiten des belasteten Fußes vorwärts, rückwärts oder seitwärts über den Boden. Das Knie des unbelasteten Beines wird dabei gebeugt und hochgehoben. Ein Scoot kann auch mit beiden Füßen gleichzeitig ausgeführt werden.

Scuff

Das unbelastete Bein schwingt nach vorn, dabei wird der Boden mit dem Hacken berührt (Steigerung von Brush). Nach einem Scuff ist der Fuß in der Luft und eine weitere Bewegung ist notwendig, um den Fuß wieder zum Boden zurückzubringen.

Shimmy

Ein Shimmy ist eine Bewegung des Oberkörpers, bei dem die Schultern (abwechselnd rechts, links) eine Vorwärts- und Rückwärtsbewegung ausführen.

Shuffle

Siehe auch Polka!

Skip

Siehe auch Scoot

Slap

Das "Schlagen" mit einer Hand auf das (gegenüberliegende) Knie oder den Fuß.

26

Slide
Der freie unbelastete Fuß wird an den anderen herangezogen.

Spin
360° Drehung auf einem Fuß

Step
Ein Schritt mit dem linken oder rechten Fuß vorwärts, rückwärts oder seitwärts immer mit Gewichtswechsel.

Stomp
Bei einem Stomp stampft man mit dem ganzen Fuß auf den Boden.

Stomp Down
Es wird mit dem ganzen Fuß gestampft, das Gewicht wird auf den stampfenden Fuß verlagert.

Stomp Up
Es wird mit dem ganzen Fuß gestampft, das Gewicht bleibt auf dem anderen Fuß.

Strut
Toe Strut

| 1 | rechten (oder linken) Ballen vorn absetzen |
| 2 | Hacken senken |

Heel Strut

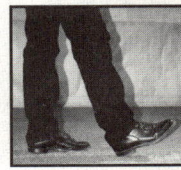

| 1 | rechten (oder linken) Hacken vorn absetzen |
| 2 | Fußspitze senken |

Support Leg/ Foot
Belastetes Bein/ Fuß

Swivel
Das Gewicht ist auf beiden Ballen. Beide Hacken werden gleichzeitig nach links oder rechts gedreht.

Swivel Walk
Beispiel nach rechts:
1   Gewicht auf beide Ballen verlagern,
         beide Hacken gleichzeitig nach rechts drehen
2   Gewicht auf beide Hacken verlagern, beide Fußspitzen nach rechts drehen
3   1 wiederholen (oder nach links)
4   2 wiederholen (oder nach links)

Swivet
Beispiel nach rechts:
1   mit dem Gewicht auf dem Ballen des linken Fußes
         und dem Hacken des rechten Fußes beide Fußspitzen 45° nach rechts drehen
2   wieder zurück in die Ausgangsposition drehen

T

Tap
Siehe auch Touch!

Toe Fan
Füße stehen in der 1. Position
1   rechte (oder linke) Fußspitze wird nach rechts gedreht
2   Fußspitze wird zurück in die Ausgangsposition gedreht

Toe Split
Füße stehen in der 1. Position
1   Gewicht ist auf beiden Hacken, beide Fußspitzen werden nach außen gedreht
2   beide Fußspitzen werden wieder zurück in die Ausgangsposition gedreht

Together
Der freie Fuß wird zum unbelasteten Fuß gebracht.

Touch
Ein Touch kann mit der linken oder rechten Fußspitze oder dem Hacken vorwärts, rückwärts, seitwärts oder diagonal ausgeführt werden. Die Fußspitze oder der Hacken berührt dabei den Boden, ohne daß das Gewicht auf den ausführenden Fuß gewechselt wird.

Triple Step
Siehe auch Polka!

Turn
Körperdrehung auf einer oder mehreren Zählzeiten
(Definition Christy Lane)

Unter dem Oberbegriff "Turn" werden Types of Turns, Turn Concepts wie Line, Spot, CBM etc., Progressive und Stationary Turns unterschieden.
Um diesen Bereich in angemessenem Umfang zu bearbeiten, müßten zunächst auch zahlreiche weitere Grundlagen des CW-Tanzes erörtert werden, das der Intention dieses Buches nicht entsprechen würde.

Twist
Das Gewicht ist auf beiden Ballen und die Hacken werden nach links oder rechts gedreht

V

Variation
Eine Variation ist die jegliche (persönliche) Änderung der vorgegebenen Schrittbeschreibung.

Vine
Siehe auch Grapevine!

W

Weave
auch Traveling Grapevine
Eine Weave ist ein Grapevine mit 8 oder mehr Zählzeiten.

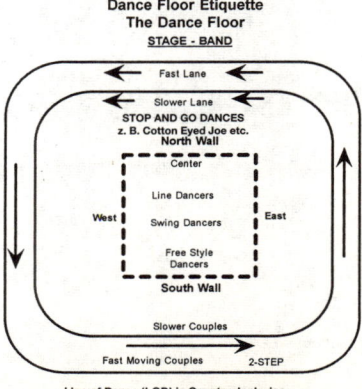

Dance Floor Etiquette
The Dance Floor
STAGE - BAND

Line of Dance (LOD) is Counterclockwise

29

DIE TÄNZE

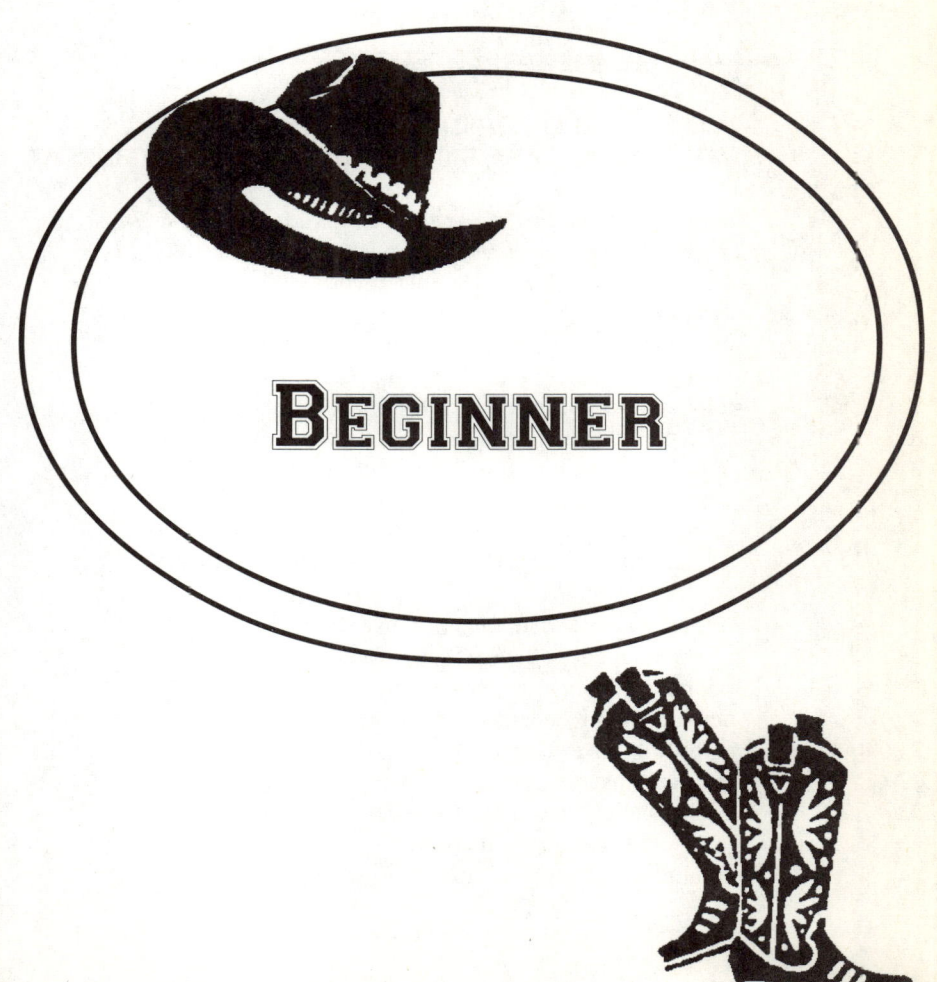

BEGINNER

COUNTRY WALKIN'

Description :   4-Wall Line Dance, 32 Counts
Level :   Beginner
Music :   " Old Pop In An Oak"   By Rednex
   "Walkin` The Country"   By The Ranch
   "Cowboy`s Sweetheart"   By LeAnn Rimes
Choreographer : **TEREE DESARRO**

WALK FORWARD (RIGHT, LEFT, RIGHT) / KICK / WALK BACK (LEFT, RIGHT) / COASTER STEP / REPEAT

1	1	mit dem rechten Fuß einen Schritt vorwärts setzen
2	2	mit dem linken Fuß einen Schritt vorwärts setzen
3	3	mit dem rechten Fuß einen Schritt vorwärts setzen
4	4	mit dem linken Fuß vorwärts kicken (in die Hände klatschen)
5	5	mit dem linken Fuß einen Schritt rückwärts setzen
6	6	mit dem rechten Fuß einen Schritt rückwärts setzen
7	7	mit dem linken Fuß einen Schritt rückwärts setzen
&	&	rechten Fuß neben den linken Fuß setzen
8	8	mit dem linken Fuß einen Schritt vorwärts setzen
		1-8 wiederholen

JAZZ BOX / JAZZ BOX WITH 1/4 TURN RIGHT

17	1	rechtes Bein vor dem linken Bein kreuzen und den Fuß absetzen
18	2	mit dem linken Fuß einen Schritt rückwärts setzen
19	3	mit dem rechten Fuß einen Schritt zur rechten Seite setzen
20	4	den linken Fuß neben den rechten Fuß stellen
21	5	rechtes Bein vor dem linken Bein kreuzen und den Fuß absetzen
22	6	mit dem linken Fuß einen Schritt rückwärts setzen
23	7	1/4 Drehung nach rechts ausführen und mit dem rechten Fuß einen Schritt vorwärts setzen
24	8	den linken Fuß neben den rechten Fuß stellen

STOMPS / SYNCOPATED HEEL SWIVELS

25	1	mit dem rechten Fuß vor dem linken Fuß stampfen
26	2	mit dem linken Fuß hinter dem rechten Fuß stampfen, mit dem rechten Fuß vor dem linken und dem Gewicht auf beiden Ballen :
27	3	beide Hacken nach außen drehen
&	&	beide Hacken nach innen drehen
28	4	beide Hacken nach außen drehen
29	5	beide Hacken nach innen drehen
30	6	beide Hacken nach außen drehen
31	7	beide Hacken nach innen drehen
&	&	beide Hacken nach außen drehen
32	8	beide Hacken nach innen drehen

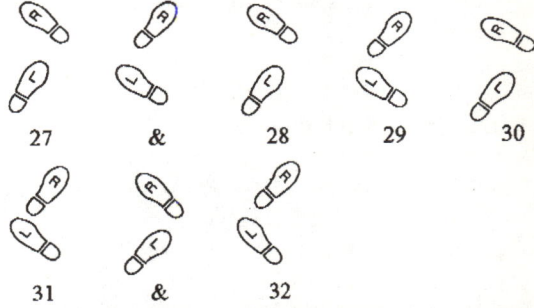

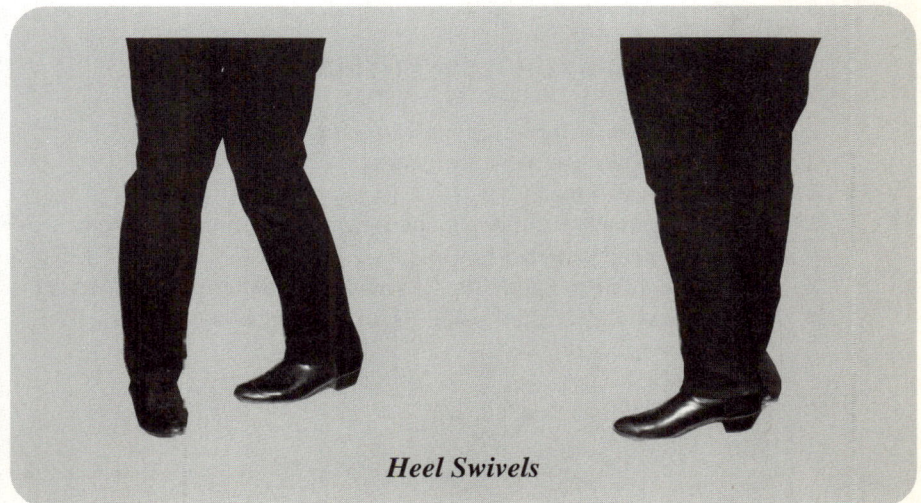

Heel Swivels

35

COWBOY CHARLESTON

Description :	4-Wall Line Dance, 16 Counts
Level :	Beginner
Music :	"Dolores" By The Mavericks
	"My Baby Plays Me Just Like A Fiddle" By Charlie Daniels
Choreographer :	**UNBEKANNT**

Dieser Tanz wurde in dieser Form schon seit 1950 getanzt, nur damals nicht nach Country Music. Er war ein Partytanz und wurde als "Ice Breaker" benutzt.
Jahre später kam das Wort "Cowboy" zum Titel und fand somit Eingang in den Bereich Country Western Tanz.

CHARLESTON KICKS

1	1	mit dem rechten Fuß einen Kick vorwärts ausführen
2	2	mit dem rechten Fuß einen Schritt rückwärts setzen
3	3	mit der linken Fußspitze hinten auf den Boden tippen
4	4	mit dem linken Fuß einen Schritt vorwärts setzen
5-8	5-8	1-4 wiederholen

HEEL TAPS / CROSSING TRIPLES

9	1	mit dem rechten Hacken vorwärts und diagonal nach rechts auf den Boden tippen
10	2	9 (1) wiederholen
11	3	rechtes Bein hinter dem linken kreuzen und den rechten Fuß (bzw. Ballen absetzen)
&	&	mit dem linken Fuß (Ballen) einen Schritt zur linken Seite setzen
12	4	rechtes Bein vor dem linken Bein kreuzen und den Fuß absetzen

HEEL TAPS / CROSSING TRIPLES WITH 1/4 TURN RIGHT

13	5	mit dem linken Hacken vorwärts und diagonal nach links auf den Boden tippen
14	6	13 (5) wiederholen
15	7	linkes Bein hinter dem rechten Bein kreuzen und den linken Fuß (bzw. Ballen absetzen)
&	&	1/4 Drehung nach rechts ausführen und mit dem rechten Fuß einen Schritt vorwärts setzen
16	8	mit dem linken Fuß einen Schritt vorwärts setzen

Statt der Heel Taps (9,10 und 13,14)
können auch Toe Taps oder flache Kicks getanzt werden.

FOOT BOOGIE

Description :	2-Wall Line Dance, 32 Counts
Level :	Beginner
Music :	"911" By Pirates Of The Mississippi
	"Cowboy Boots" By The Backsliders
	"Mile Out Of Memphis" By Philip Claypool
Choreographer :	**UNBEKANNT**

TOE FANS RIGHT / TOE FANS LEFT

1	1	rechte Fußspitze nach rechts außen drehen
2	2	rechte Fußspitze zurück zur Mitte drehen
3,4	3,4	1,2 wiederholen
5	5	linke Fußspitze nach links außen drehen
6	6	linke Fußspitze zurück zur Mitte drehen
7,8	7,8	5,6 wiederholen

FANS / SWIVELS RIGHT (REPEAT LEFT)

9	1	rechte Fußspitze nach rechts außen drehen
10	2	rechten Hacken nach rechts außen drehen
11	3	rechten Hacken zurückdrehen
12	4	rechte Fußspitze zurückdrehen (Ausgangsposition)
13	5	linke Fußspitze nach links außen drehen
14	6	linken Hacken nach links außen drehen
15	7	linken Hacken zurückdrehen
16	8	linke Fußspitze zurückdrehen (Ausgangsposition)

38

FOOT BOOGIE / STEP RIGHT FORWARD / SLIDE LEFT / STEP RIGHT FORWARD / HITCH LEFT

17	1	beide Fußspitzen gleichzeitig nach außen drehen
18	2	beide Hacken gleichzeitig nach außen drehen
19	3	beide Hacken gleichzeitig zurückdrehen
20	4	beide Fußspitzen gleichzeitig zurückdrehen (Ausgangsposition)
21	5	mit dem rechten Fuß einen Schritt vorwärts setzen
22	6	linken Fuß an den rechten heranziehen
23	7	mit dem rechten Fuß einen Schritt vorwärts setzen
24	8	linkes Knie hochziehen

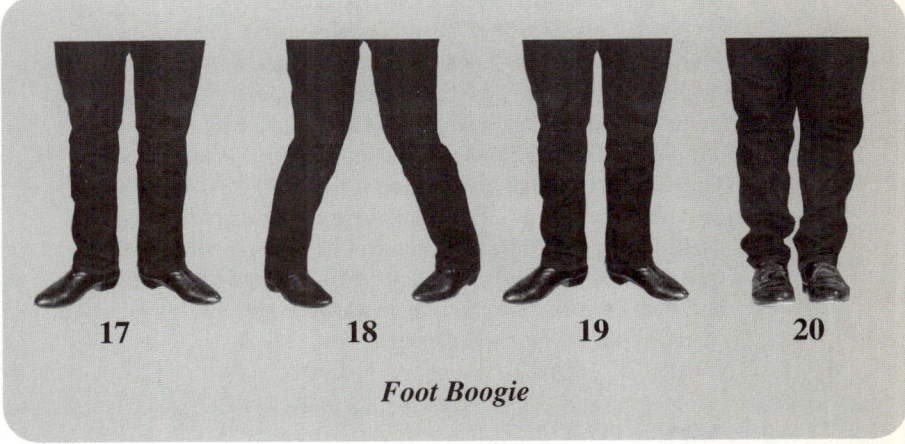

17   **18**   **19**   **20**

Foot Boogie

STEP LEFT FORWARD / SLIDE RIGHT / STEP LEFT FORWARD / 1/2 TURN LEFT WITH HITCH / STEP RIGHT FORWARD / SLIDE LEFT / STEP RIGHT FORWARD / STOMP LEFT

25	1	mit dem linken Fuß einen Schritt vorwärts setzen
26	2	rechten Fuß an den linken heranziehen
27	3	mit dem linken Fuß einen Schritt vorwärts setzen
28	4	1/2 Drehung auf dem linken Fuß nach links ausführen und das rechte Knie hochziehen
29	5	mit dem rechten Fuß einen Schritt vorwärts setzen
30	6	linken Fuß an den rechten Fuß heranziehen
31	7	mit dem rechten Fuß einen Schritt vorwärts setzen
32	8	mit dem linken Fuß neben dem rechten Fuß stampfen

RHYTHM SCOOT

Description :   4-Wall Line Dance, 32 Counts
Level :   Beginner
Music :   "Just One Kiss" By Jill Morris
     "Don`t Be Stupid" By Shania Twain
Choreographer : **BARRY DURAND**

SCHOTTISCHE TYPE VINE SCOOT

1	1	mit dem linken Fuß einen Schritt zur linken Seite setzen
2	2	rechtes Bein hinter dem linken Bein kreuzen und den Fuß absetzen
3	3	mit dem linken Fuß einen Schritt zur linken Seite setzen
4	4	auf dem linken Fuß etwas vorwärts über den Boden rutschen und das rechte Knie hochziehen
5	5	mit dem rechten Fuß einen Schritt zur rechten Seite setzen
6	6	linkes Bein hinter dem rechten Bein kreuzen und den Fuß absetzen
7	7	mit dem rechten Fuß einen Schritt zur rechten Seite setzen
8	8	auf dem rechten Fuß etwas vorwärts über den Boden rutschen und das linke Knie hochziehen

RHYTHM SCOOT

9	1	den linken Ballen vorn absetzen
10	2	den ganzen Fuß absetzen und das Gewicht auf den linken Fuß verlagern
&	&	den rechten Fuß hinter den linken Fuß stellen
11	3	den linken Ballen vorn absetzen
12	4	den ganzen Fuß absetzen und das Gewicht auf den linken Fuß verlagern
&	&	den rechten Fuß hinter den linken Fuß stellen
13	5	den linken Ballen vorn absetzen
14	6	den ganzen Fuß absetzen und das Gewicht auf den linken Fuß verlagern
&	&	den rechten Fuß hinter den linken Fuß stellen
15	7	den linken Ballen vorn absetzen
16	8	1/4 Drehung nach rechts ausführen und das linke Knie hochziehen

JAZZ SQUARE AND PUSH TURN

17	1	linkes Bein vor dem rechten Bein kreuzen und den Fuß absetzen
18	2	mit dem rechten Fuß einen Schritt rückwärts setzen
19	3	mit dem linken Fuß einen Schritt zur linken Seite setzen
20	4	mit dem rechten Fuß einen Schritt vorwärts setzen
21	5	mit dem linken Fuß einen Schritt vorwärts setzen
22	6	1/2 Drehung nach rechts ausführen, das Gewicht auf den rechten Fuß verlagern
23	7	mit dem linken Fuß einen Schritt vorwärts setzen
24	8	1/2 Drehung nach rechts ausführen und das Gewicht auf den rechten Fuß verlagern

KICK AND TRIPLE BEHIND

25	1	mit dem linken Fuß diagonal nach links vorwärts kicken
26	2	linkes Bein hinter dem rechten Bein kreuzen und den linken Ballen absetzen
&	&	mit dem rechten Ballen einen Schritt zur rechten Seite setzen
27	3	linkes Bein vor dem rechten Bein kreuzen und den linken Fuß absetzen
28	4	mit dem rechten Fuß einen Schritt zur rechten Seite setzen (oder stampfen)
29-32	5-8	25-28 wiederholen

BARRY DURAND

18 WHEELS

Description :	4 – Wall Line Dance	
Level :	Beginner	
Music :	„18 Wheels And A Crowbar" By BR5-49	
	(Big Backyard Beat Show Album)	
Choreographer:	**GERT WOLLSCHLÄGER / SUSI SCHALEWA**	
	INCAHOOTS BERLIN	

HEEL / TOE / HEEL / TOE / 1/2 TURN LEFT / SHUFFLE FORWARD

1	1	mit dem rechten Hacken vorn auf den Boden tippen
2	2	rechtes Bein vor dem linken Bein kreuzen
		und mit der rechten Fußspitze auf den Boden tippen
3	3	mit dem rechten Hacken vorn auf den Boden tippen
4	4	mit der rechten Fußspitze hinten auf den Boden tippen
5	5	mit dem rechten Fuß ein Schritt vorwärts setzen
6	6	1/2 Drehung nach links ausführen, Gewicht auf den linken Fuß verlagern
7	7	mit dem rechten Fuß einen Schritt vorwärts setzen
&	&	linken Fuß an den rechten stellen
8	8	mit dem rechten Fuß einen Schritt vorwärts setzen

HEEL / TOE / HEEL / TOE / 1/2 TURN RIGHT / SHUFFLE FORWARD

9	1	mit dem linken Hacken vorn auf den Boden tippen
10	2	linkes Bein vor dem rechten Bein kreuzen und mit der linken Fußspitze auf den Boden tippen
11	3	mit dem linken Hacken vorn auf den Boden tippen
12	4	mit der linken Fußspitze hinten auf den Boden tippen
13	5	mit dem linken Fuß einen Schritt vorwärts setzen
14	6	1/2 Drehung nach rechts ausführen, Gewicht auf den rechten Fuß verlagern
15	7	mit dem linken Fuß einen Schritt vorwärts setzen
&	&	rechten Fuß an den linken stellen
16	8	mit dem linken Fuß einen Schritt vorwärts setzen

POINTS / CROSS / UNWIND / POINTS / CROSS / UNWIND

17	1	rechtes Bein nach vorn ausstrecken und mit der rechten Fußspitze auf den Boden tippen
18	2	rechtes Bein zur rechten Seite ausstrecken und mit der rechten Fußspitze auf den Boden tippen
19	3	rechtes Bein hinter dem linken Bein kreuzen und den rechten Ballen absetzen
20	4	1/2 Drehung nach rechts ausführen und das Gewicht auf den rechten Fuß verlagern
21	5	linkes Bein nach vorn ausstrecken und mit der linken Fußspitze auf den Boden tippen
22	6	linkes Bein zur linken Seite ausstrecken und mit der linken Fußspitze auf den Boden tippen
23	7	linkes Bein hinter dem rechten Bein kreuzen und den linken Ballen absetzen
24	8	1/2 Drehung nach links ausführen und das Gewicht auf den linken Fuß verlagern

OUT / OUT / HOLD / LOOK RIGHT / LOOK FORWARD / CROSS / 1/4 TURN RIGHT / SCUFF / HITCH / STOMP

&	&	den rechten Fuß zur rechten Seite setzen
25	1	den linken Fuß zur linken Seite setzen
26	2	Position halten
27	3	Kopf zur rechten Seite drehen und über die rechte Schulter schauen
28	4	Kopf wieder nach vorn drehen
29	5	Linkes Bein hinter dem rechten Bein kreuzen und den Fuß absetzen
30	6	1/4 Drehung nach rechts ausführen und den rechten Fuß in neuer Richtung (3.00 Uhr) vorwärts einen Schritt setzen
31	7	mit dem linken Hacken vorwärts kräftig über den Boden schleifen
&	&	Linkes Knie hochziehen
32	8	mit dem linken Fuß neben dem rechten Fuß stampfen und das Gewicht auf den linken Fuß verlagern Der Tanz beginnt von vorn.

WRANGLER BUTTS

Description :	4-Wall Line Dance, 32 Counts
Level :	Beginner / Intermediate
Music :	"Wrangler Butts" By Jeff Moore
Choreographer :	**GORDON ELLIOTT**
Note :	Damit der Tanz gut zur Musik (Wrangler Butts) paßt, werden beim 4. Durchgang nur die ersten 20 Counts getanzt, danach startet man erneut mit dem Anfang (Count1) und tanzt wie gewohnt weiter.

PADDLE TURNS (4x)

1	1	mit dem rechten Fuß einen Schritt vorwärts setzen
2	2	1/4 Drehung nach links ausführen
		und das Gewicht auf den linken Fuß verlagern
3,4	3,4	1,2 wiederholen
5,6	5,6	1,2 wiederholen
7,8	7,8	1,2 wiederholen

SHUFFLE FORWARD / 1/2 TURN (2x)

9	1	mit dem rechten Fuß einen Schritt vorwärts setzen
&	&	linken Fuß an den rechten Fuß setzen
10	2	mit dem rechten Fuß einen Schritt vorwärts setzen
11	3	mit dem linken Fuß einen Schritt vorwärts setzen
12	4	1/2 Drehung nach rechts ausführen,
		Gewicht auf den rechten Fuß verlagern
13	5	mit dem linken Fuß einen Schritt vorwärts setzen
&	&	rechten Fuß an den linken setzen
14	6	mit dem linken Fuß einen Schritt vorwärts setzen
15	7	mit dem rechten Fuß einen Schritt vorwärts setzen
16	8	1/2 Drehung nach links ausführen
		und das Gewicht auf den linken Fuß verlagern

44

FORWARD / STOMP & CLAP / BACK / STOMP & CLAP / 4 HIPS

17	1	mit dem rechten Fuß einen Schritt vorwärts setzen
18	2	mit dem linken Fuß neben dem rechten Fuß stampfen und in die Hände klatschen
19	3	mit dem linken Fuß einen Schritt rückwärts setzen
20	4	mit dem rechten Fuß neben dem linken Fuß stampfen und in die Hände klatschen
21	5	mit dem rechten Fuß einen Schritt zur rechten Seite setzen und die Hüfte nach rechts bewegen
22	6	die Hüfte nach links bewegen
23	7	die Hüfte nach rechts bewegen
24	8	die Hüfte nach links bewegen

CROSS / POINT / CROSS / POINT / BOX 1/4 TURN & STOMP

25	1	rechtes Bein vor dem linken Bein kreuzen und den Fuß absetzen
26	2	linkes Bein zur linken Seite ausstrecken und mit der linken Fußspitze den Boden berühren
27	3	linkes Bein vor dem rechten Bein kreuzen und den Fuß absetzen
28	4	rechtes Bein zur rechten Seite ausstrecken und mit der rechten Fußspitze den Boden berühren
29	5	rechtes Bein vor dem linken Bein kreuzen und den Fuß absetzen
30	6	mit dem linken Fuß einen Schritt rückwärts setzen
31	7	1/4 Drehung nach rechts ausführen und mit dem rechten Fuß einen Schritt vorwärts setzen
32	8	mit dem linken Fuß neben dem rechten Fuß stampfen

GHOST TRAIN

Description : 4-Wall Line Dance, 32 Counts
Level : Beginner / Intermediate
Music : "Ghost Train" By Australia`s Tornado
"Baby Likes To Rock It" By The Tractors
"When Love Starts Talkin," By Wynonna
"If You Can`t Be Good, Be Good At It" By Neal McCoy
"Buckaroo" By Lee Ann Womack
"Nothin` But The Taillights" By Clint Black
Choreographer : **KATHY HUNYADI**

STOMP RIGHT / TOE OUT / TOE IN /
TOE OUT / STOMP LEFT / TOE OUT / TOE IN / TOE OUT

1	1	mit dem rechten Fuß vorwärts stampfen, so daß die rechte Fußspitze nach innen zeigt
2	2	rechten Hacken am Platz lassen und die rechte Fußspitze leicht anheben, nach außen drehen und wieder absetzen
3	3	rechte Fußspitze leicht anheben, nach innen drehen und wieder absetzen
4	4	rechte Fußspitze leicht anheben, nach außen drehen und wieder absetzen (Gewicht auf den rechten Fuß verlagern)
5-8	5-8	die oberen 4 Counts mit dem linken Fuß wiederholen

1   **2**   **3**   **4**

JAZZ BOX WITH 1/4 TURN RIGHT / REPEAT

9	1	rechtes Bein vor dem linken Bein kreuzen und den Fuß absetzen
10	2	mit dem linken Fuß einen Schritt rückwärts setzen
11	3	1/4 Drehung nach rechts ausführen
		und mit dem rechten Fuß einen Schritt vorwärts setzen
12	4	den linken Fuß neben den rechten Fuß stellen
13-16	5-8	Counts 9-12 wiederholen

WEAVE LEFT : CROSS / SIDE / BACK / SIDE / CROSS / 1/4 TURN RIGHT / STEP / STOMP

17	1	rechtes Bein vor dem linken Bein kreuzen und den Fuß absetzen
18	2	mit dem linken Fuß einen Schritt zur linken Seite setzen
19	3	rechtes Bein hinter dem linken Bein kreuzen und den Fuß absetzen
20	4	mit dem linken Fuß einen Schritt zur linken Seite setzen
21	5	rechtes Bein vor dem linken Bein kreuzen und den Fuß absetzen
22	6	den linken Fuß zur linken Seite setzen
		und 1/4 Drehung nach rechts ausführen
23	7	einen kleinen Schritt mit dem rechten Fuß vorwärts setzen
24	8	mit dem linken Fuß vorwärts stampfen

STOMP / HOLD / STOMP / HOLD / STOMP / STOMP / STOMP / STOMP

25	1	mit dem rechten Fuß vorwärts stampfen
26	2	Position halten
27	3	mit dem linken Fuß vorwärts stampfen
28	4	Position halten
29	5	mit dem rechten Fuß vorwärts stampfen
30	6	mit dem linken Fuß vorwärts stampfen
31	7	mit dem rechten Fuß vorwärts stampfen
32	8	mit dem linken Fuß vorwärts stampfen

ALL SCUFFED UP

Description :   4-Wall Line Dance, 64 Counts
Level :   Beginner/ Intermediate
Music :   "Don`t Threaten Me With A Good Time" by Billy Dean (langsam)
    "On A Good Night" by Wade Hayes (mittel)
    "It`s Midnight Cinderella" by Garth Brooks (mittel)
    "Country Girls" by Marty Stuart (schnell)
Choreographer : **MAUREEN McGUIGAN**

STEP-SCUFFS / WALK BACK / SCUFF

1	1	mit dem rechten Fuß neben dem linken Fuß einen Schritt setzen
2	2	mit dem linken Hacken vorwärts über den Boden schleifen und vorn den Fuß anheben
3	3	linken Fuß neben den rechten Fuß stellen
4	4	mit dem rechten Hacken vorwärts über den Boden schleifen und vorn den Fuß anheben
5	5	mit dem rechten Fuß einen Schritt rückwärts setzen
6	6	mit dem linken Fuß einen Schritt rückwärts setzen
7	7	mit dem rechten Fuß einen Schritt rückwärts setzen
8	8	mit dem linken Hacken vorwärts über den Boden schleifen und den Fuß vorn anheben

STEP-SCUFFS / WALK FORWARD / SCUFF

9	1	linken Fuß neben den rechten Fuß stellen
10	2	mit dem rechten Hacken vorwärts über den Boden schleifen und den Fuß vorn anheben
11	3	rechten Fuß neben den linken Fuß stellen
12	4	mit dem linken Fuß vorwärts über den Boden schleifen und den Fuß vorn anheben
13	5	mit dem linken Fuß einen Schritt vorwärts setzen
14	6	mit dem rechten Fuß einen Schritt vorwärts setzen
15	7	mit dem linken Fuß einen Schritt vorwärts setzen
16	8	mit dem rechten Hacken vorwärts über den Boden schleifen und den Fuß vorn anheben

48

ROCKING CHAIR / CCW MILITARY TURNS

17	1	mit dem rechten Fuß einen Schritt vorwärts setzen (Gewicht rechts)
18	2	das Gewicht nach hinten auf den linken Fuß verlagern
19	3	mit dem rechten Fuß einen Schritt rückwärts setzen (Gewicht rechts)
20	4	das Gewicht nach vorn auf den linken Fuß verlagern
21	5	mit dem rechten Fuß einen Schritt vorwärts setzen
22	6	1/4 Drehung nach links ausführen und das Gewicht auf den linken Fuß verlagern
23	7	mit dem rechten Fuß einen Schritt vorwärts setzen
24	8	1/2 Drehung nach links ausführen und das Gewicht auf den linken Fuß verlagern

TOUCHES / SCUFFS / TOE-HEEL STRUTS FORWARD

25	1	rechten Ballen neben dem linken Fuß absetzen
26	2	mit dem rechten Hacken vorwärts über den Boden schleifen und den Fuß vorn anheben
27	3	rechten Ballen vorn absetzen
28	4	rechten Hacken senken, Gewicht auf den rechten Fuß verlagern
29	5	linken Ballen neben dem rechten Fuß absetzen
30	6	mit dem linken Hacken vorwärts über den Boden schleifen und den Fuß vorn anheben
31	7	linken Ballen vorn absetzen
32	8	linken Hacken senken, Gewicht auf den linken Fuß verlagern

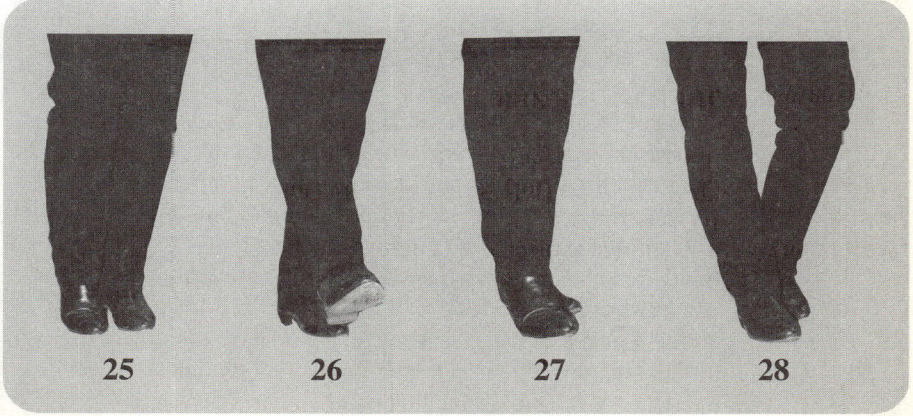

25   26   27   28

GRAPEVINE RIGHT / SCUFF / TURN / STEP / SCUFF

33	1	mit dem rechten Fuß einen Schritt zur rechten Seite setzen
34	2	linkes Bein hinter dem rechten kreuzen und den Fuß absetzen
35	3	mit dem rechten Fuß einen Schritt zur rechten Seite setzen
36	4	mit dem linken Hacken vorwärts über den Boden schleifen und den Fuß vorn anheben
37	5	1/4 Drehung nach rechts ausführen und den linken Fuß zur linken Seite setzen
38	6	1/4 Drehung nach rechts ausführen und den rechten Fuß zur rechten Seite setzen
39	7	linken Fuß neben den rechten Fuß setzen
40	8	mit dem rechten Hacken vorwärts über den Boden schleifen und den Fuß vorn anheben
41-48		33-40 wiederholen

STEPS / SCUFFS

49	1	rechten Fuß neben den linken Fuß stellen
50	2	mit dem linken Fuß vorwärts über den Boden schleifen und den Fuß vorn anheben
51	3	linken Fuß neben den rechten Fuß stellen
52	4	rechten Fuß anheben und wieder neben den linken Fuß stellen
53	5	linken Fuß anheben und wieder neben den rechten Fuß stellen
54	6	mit dem rechten Hacken vorwärts über den Boden schleifen und den Fuß vorn anheben
55	7	rechten Fuß neben den linken Fuß stellen
56	8	linken Fuß anheben und wieder neben den rechten Fuß stellen

STEP / SCUFF / SCOOT /
STEP / SCUFF / SCOOT / STOMPS

57	1	rechten Fuß anheben und wieder neben den linken Fuß stellen
58	2	mit dem linken Hacken vorwärts über den Boden schleifen und den Fuß vorn anheben
59	3	auf dem rechten Fuß etwas vorwärts über den Boden rutschen
60	4	mit dem linken Fuß einen Schritt vorwärts setzen
61	5	mit dem rechten Hacken vorwärts über den Boden schleifen und den Fuß vorn anheben
62	6	auf dem linken Fuß etwas vorwärts über den Boden rutschen
63	7	mit dem rechten Fuß neben dem linken Fuß stampfen
64	8	mit dem linken Fuß neben dem rechten Fuß stampfen

INTERMEDIATE

TURNED ON

Description :	4-Wall Line Dance, 40 Counts
Level :	Intermediate
Music :	"I Left Something Turned On At Home" By Trace Adkins
Choreographer :	**JOYCE HOWARD**
Note :	Den Tanz mit dem Gesang beginnen. Wenn am Ende die Musik ausgeblendet wird (Count 8, right toe touch), die Position halten und beide Arme nach außen strecken und nach oben bewegen für das Ende des Tanzes.

MONTEREY TURN / CROSS STEPS BEHIND / TOE TOUCHES

1	1	rechtes Bein zur rechten Seite ausstrecken und mit der rechten Fußspitze auf den Boden tippen
2	2	1/2 Drehung auf dem linken Ballen nach rechts ausführen und den rechten Fuß neben den linken Fuß stellen
3	3	linkes Bein zur linken Seite ausstrecken und mit der linken Fußspitze auf den Boden tippen
4	4	linken Fuß neben den rechten Fuß stellen
5	5	rechtes Bein hinter dem linken Bein kreuzen und den Fuß absetzen
6	6	linkes Bein zur linken Seite ausstrecken und mit der linken Fußspitze auf den Boden tippen
7	7	linkes Bein hinter dem rechten Bein kreuzen und den Fuß absetzen
8	8	rechtes Bein zur rechten Seite ausstrecken und mit der rechten Fußspitze auf den Boden tippen

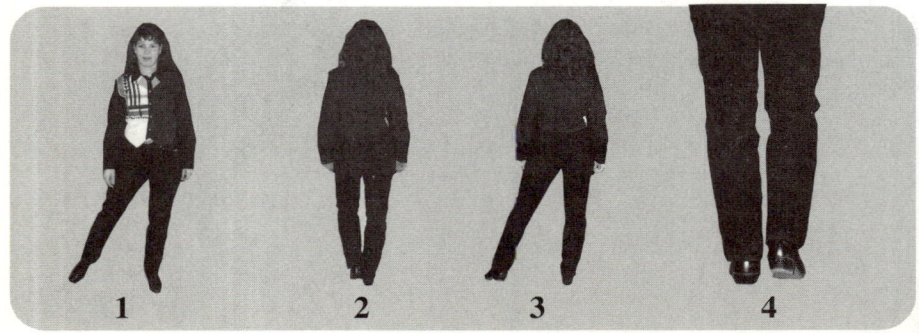

1   2   3   4

STEP-SLIDE FORWARD / STEP / TOGETHER / HEEL SPLITS

9	1	mit dem rechten Fuß einen Schritt vorwärts setzen
10	2	den linken Fuß an den rechten heranziehen
11	3	mit dem rechten Fuß einen Schritt vorwärts setzen
12	4	linken Fuß neben den rechten Fuß stellen
13	5	das Gewicht auf beide Ballen verlagern und beide Hacken nach außen drehen
14	6	beide Hacken wieder zurück zur Mitte drehen
15,16	7,8	13,14 wiederholen

TOE SPLIT / HEEL SPLIT / CCW TURNS

17	1	das Gewicht auf beide Hacken verlagern und beide Fußspitzen nach außen drehen
18	2	beide Fußspitzen wieder zurück zur Mitte drehen
19	3	das Gewicht auf beide Ballen verlagern und beide Hacken nach außen drehen
20	4	beide Hacken wieder zurück zur Mitte drehen
21	5	mit dem rechten Fuß einen Schritt vorwärts setzen
22	6	1/8 Drehung auf dem rechten Ballen nach links ausführen und das Gewicht wieder auf den linken Fuß verlagern
23,24	7,8	21,22 wiederholen

STOMPS / HEEL BOUNCES / TOE TOUCH / CROSS / UNWIND / HOLD & CLAP

25	1	mit dem rechten Fuß neben dem linken Fuß stampfen
26	2	mit dem linken Fuß neben dem rechten Fuß stampfen
27	3	beide Hacken leicht anheben und wieder senken
28	4	beide Hacken leicht anheben und wieder senken
29	5	das rechte Bein zur rechten Seite ausstrecken und mit der Fußspitze auf den Boden tippen
30	6	rechtes Bein vor dem linken Bein kreuzen und den Ballen absetzen
31	7	1/2 Drehung nach links ausführen, Gewicht auf den rechten Fuß verlagern
32	8	in die Hände klatschen

KNEE POPS

33	1	linken Hacken anheben, das linke gebeugte Knie zeigt nach außen
34	2	Position halten
35	3	linken Hacken senken und rechten Hacken anheben, das rechte gebeugte Knie zeigt nach außen
36	4	Position halten
37	5	rechten Hacken senken und linken Hacken anheben, das linke gebeugte Knie zeigt nach außen
38	6	linken Hacken senken und rechten Hacken anheben, das rechte gebeugte Knie zeigt nach rechts außen
39	7	37 wiederholen
40	8	38 wiederholen

Knee Pops

54

GET IN LINE!

PEACE TRAIN

Description :	4-Wall Line Dance, 32 Counts
Level :	Intermediate
Music :	"Peace Train" (Holy Roller Mix) By Dolly Parton
CD:	Line Dance Fever 6

Choreographer : **JULIE MOLKNER**

STEPS APART / CLAP /
2x HEEL BALL CROSS / LEFT SIDE ROCK

&	&	mit dem rechten Fuß einen kleinen Schritt zur rechten Seite setzen
1	1	mit dem linken Fuß einen kleinen Schritt zur linken Seite setzen
2	2	in die Hände klatschen
3	3	mit dem linken Hacken vorwärts und diagonal nach links auf den Boden tippen
&	&	mit dem linken Ballen einen Schritt rückwärts setzen
4	4	rechtes Bein vor dem linken Bein kreuzen und den Fuß absetzen
5	5	mit dem linken Hacken vorwärts und diagonal nach links auf den Boden tippen
&	&	mit dem linken Ballen einen Schritt rückwärts setzen
6	6	rechtes Bein vor dem linken Bein kreuzen und den Fuß absetzen
7	7	mit dem linken Fuß einen Schritt zur linken Seite setzen (Gewicht links)
8	8	Gewicht wieder auf den rechten Fuß verlagern

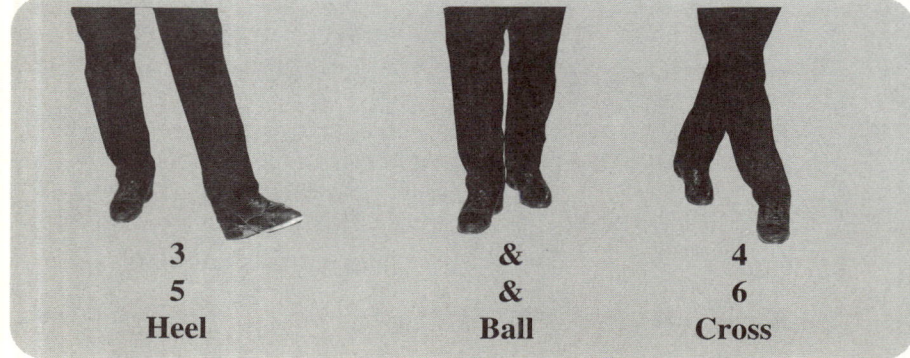

3	&	4
5	&	6
Heel	**Ball**	**Cross**

CROSS SHUFFLE / 1/2 TURN LEFT / CROSS STEP / KICK / COASTER STEP

9	1	linkes Bein vor dem rechten Bein kreuzen und den Fuß absetzen
&	&	mit dem rechten Fuß (oder Ballen) einen kleinen Schritt zur rechten Seite setzen
10	2	linkes Bein vor dem rechten Bein kreuzen und den Fuß absetzen
11	3	mit dem rechten Fuß einen Schritt zur rechten Seite setzen
12	4	auf dem Ballen des rechten Fußes 1/2 Drehung nach links ausführen und mit dem linken Fuß einen Schritt zur linken Seite setzen
13	5	rechtes Bein vor dem linken Bein kreuzen und den Fuß absetzen
14	6	mit dem linken Fuß vorwärts und diagonal nach links kicken
15	7	mit dem linken Fuß einen Schritt rückwärts setzen
&	&	rechten Fuß neben den linken Fuß setzen
16	8	mit dem linken Fuß einen Schritt vorwärts setzen

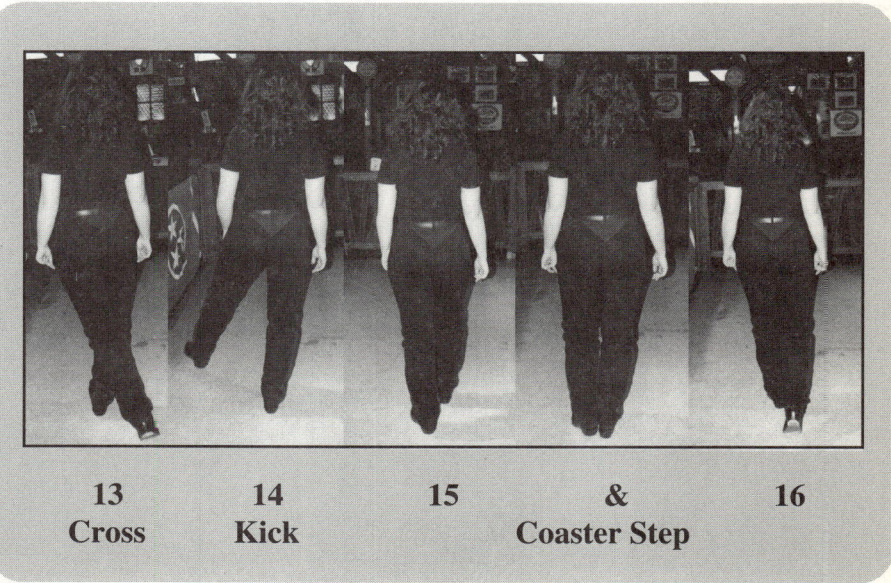

13   14   15   &   16
Cross   Kick   Coaster Step

STOMP / HOLD / 1/4 TURN HEEL BALL CHANGE / LEFT SHUFFLE / SPIN LEFT

17	1	mit dem rechten Fuß vorwärts stampfen
18	2	Position halten
19	3	auf dem Ballen des rechten Fußes 1/4 Drehung nach links ausführen und mit dem linken Hacken vorn auf den Boden tippen
&	&	linken Ballen neben den rechten Fuß setzen (Gewicht links)
20	4	mit dem rechten Fuß einen Schritt am Platz setzen (Gewicht rechts)
21	5	mit dem linken Fuß einen Schritt vorwärts setzen
&	&	rechten Fuß an den linken Fuß stellen
22	6	mit dem linken Fuß einen Schritt vorwärts setzen
23	7	auf dem Ballen des linken Fußes 1/2 Drehung nach links ausführen und mit dem rechten Ballen einen Schritt rückwärts setzen
24	8	auf dem Ballen des rechten Fußes 1/2 Drehung nach links ausführen und mit dem linken Fuß einen Schritt vorwärts setzen

RIGHT & LEFT CAMEL WALKS

25	1	mit dem rechten Fuß einen Schritt vorwärts und diagonal nach rechts setzen
26	2	linken Fuß neben den rechten Fuß ziehen
27	3	mit dem rechten Fuß einen Schritt vorwärts und diagonal nach rechts setzen
28	4	mit dem linken Ballen neben dem rechten Fuß auf den Boden tippen und in die Hände klatschen
29	5	mit dem linken Fuß einen Schritt vorwärts und diagonal nach links setzen
30	6	rechten Fuß neben den linken Fuß ziehen
31	7	mit dem linken Fuß einen Schritt vorwärts und diagonal nach links setzen
32	8	mit dem rechten Ballen neben dem linken Fuß auf den Boden tippen und in die Hände klatschen

**Country Dance Mardi Gras in New Orleans 1997:
Gert, Jo Thompson, Susi**

RATTLED

Description : 4-Wall Line Dance, 48 Counts
Level : Intermediate
Music : "I Get So Rattled" By Jill Morris
Choreographer : **BARRY DURAND**

Wenn es möglich ist, sollten Männer und Frauen immer abwechselnd nebeneinander stehen. Nach den ersten 16 Counts beginnt man mit dem eigentlichen Tanz (48 Counts). Ist der erste Durchgang beendet, tanzt man vor dem 2. Durchgang wieder die "Pick Up Counts". Anschließend wiederholt man nur noch die 48 Counts des Tanzes ohne die ersten 16 Counts. Alles klar?

PICK UP COUNTS SYNCOPATED STOMPS FORWARD

Ausgangsposition: Gewicht auf dem linken Fuß,
rechte Fußspitze tippt hinten auf den Boden.

&	&	rechten Fuß hinter den linken Fuß stellen (3. Position)
1	1	mit dem linken Fuß vorwärts stampfen
2	2	Position halten
&3,4	&3,4	&1,2 wiederholen
&5,6	&5,6	&1,2 wiederholen
&7,8	&7,8	&1,2 wiederholen

STEP RIGHT / TOUCH LEFT & CLAP / STEP LEFT / TOUCH RIGHT & DOUBLE CLAP (REPEAT)

9	1	mit dem rechten Fuß einen Schritt zur rechten Seite setzen (oder stampfen)
10	2	mit dem linken Ballen neben dem rechten Fuß auf den Boden tippen und in die Hände klatschen
11	3	mit dem linken Fuß einen Schritt zur linken Seite setzen (oder stampfen)
&	&	mit dem rechten Ballen neben dem linken Fuß auf den Boden tippen und in die Hände klatschen
12	4	in die Hände klatschen
13-16	5-8	9-12 (1-4) wiederholen

POINT RIGHT / CROSS RIGHT / BRUSH LEFT WITH A SWEEPING MOTION TOWARD FRONT / CROSS LEFT / STEP BACK RIGHT / CROSS LEFT / STEP BACK RIGHT / CROSS LEFT / POINT RIGHT / HOLD (&CLAP)

1	1	rechtes Bein zur rechten Seite ausstrecken und mit der Fußspitze auf den Boden tippen
2	2	rechtes Bein vor dem linken Bein kreuzen und den Fuß absetzen
3	3	mit der linken Fußspitze einen Halbkreis von hinten nach vorn über den Boden ziehen und den Fuß vorn hoch heben
4	4	linkes Bein vor dem rechten Bein kreuzen und den Fuß absetzen (Der Körper ist jetzt leicht nach rechts gedreht und bleibt bis Count 6 so.)
&	&	mit dem rechten Ballen einen kleinen Schritt nach hinten setzen
5&	5&	4& wiederholen
6	6	4 wiederholen
7	7	rechtes Bein zur rechten Seite ausstrecken und mit der Fußspitze auf den Boden tippen (Körper wieder nach vorn drehen)
8	8	Position halten (in die Hände klatschen)

CROSS RIGHT / POINT LEFT / HITCH LEFT / POINT LEFT / TRIPLE STEP BEHIND / STEP LEFT TOGETHER / TOUCH LEFT

9	1	rechtes Bein vor dem linken Bein kreuzen und den Fuß absetzen
10	2	linkes Bein zur linken Seite ausstrecken und mit der Fußspitze auf den Boden tippen
11	3	linkes Knie neben dem rechten Bein hochziehen
12	4	linkes Bein zur linken Seite ausstrecken und mit der Fußspitze auf den Boden tippen
13	5	linkes Bein hinter dem rechten Bein kreuzen und den linken Fuß (oder Ballen) absetzen
&	&	mit dem rechten Fuß (oder Ballen) einen Schritt zur rechten Seite setzen
14	6	linkes Bein vor dem rechten Bein kreuzen und den Fuß absetzen
15	7	rechten Fuß neben den linken Fuß stellen
16	8	mit dem linken Ballen neben dem rechten Fuß auf den Boden tippen

ROLLING VINE LEFT / TOUCH / HIP SHAKES

17	1	1/4 Drehung nach links ausführen und mit dem linken Fuß einen Schritt vorwärts setzen
18	2	auf dem linken Ballen 1/2 Drehung nach links ausführen und mit dem rechten Fuß einen Schritt rückwärts setzen
19	3	auf dem rechten Ballen 1/4 Drehung nach links ausführen und mit dem linken Fuß einen Schritt zur linken Seite setzen
20	4	mit dem rechten Ballen neben dem linken Fuß auf den Boden tippen
21-24	5-8	mit dem rechten Fuß einen Schritt zur rechten Seite setzen und die Hüfte hin und her bewegen (dabei etwas in die Knie gehen) oder die Hüfte 2x im Uhrzeigersinn kreisen (Der Körper ist leicht nach rechts gedreht.)

LEFT POINT BALL CHANGE / LEFT KNEE IN / KNEE OUT / TAPS LEFT / STEP LEFT / TOUCH RIGHT / STEP RIGHT BACK / TOUCH LEFT

25	1	mit dem linken Fuß vorwärts kicken (Fußspitze zeigt nach unten) Achtung: Der Körper ist noch nach leicht nach rechts gedreht, man steht also diagonal!
&	&	linken Ballen hinten absetzen (Gewicht links)
26	2	Gewicht wieder auf den rechten Fuß verlagern

25   **&**   **26**

Point Ball Change

27	3	linkes gebeugtes Knie nach innen drehen (linken Hacken anheben)
28	4	linkes Knie nach außen drehen (nach links)
		und gleichzeitig Körper nach links drehen
&	&	linken Ballen anheben und wieder absetzen
29	5	linken Ballen anheben und wieder absetzen
30	6	linken Fuß vorn absetzen (Gewicht ist nun links)
31	7	mit dem rechten Ballen hinter dem linken Fuß auf den
		Boden tippen, beide Knie etwas beugen, Kopf senken
&	&	mit dem rechten Fuß einen Schritt (oder kleinen Sprung)
		rückwärts ausführen
32	8	mit dem linken Ballen vorn auf den Boden tippen

27
Knee In

28&29
Knee Out/ Toe Taps

30
Step

31
Touch

&
Step Back

32
Touch

STEP SIDE LEFT / TRAVOLTA ARM RIPPLE / ARM LOOPING OVER THE HEAD / SNAP / KICK LEFT/ CROSS LEFT / 2 COUNT SPIN IN PLACE

33,34   1,2   Körper wieder nach vorn drehen und beide Hände vor dem Körper falten (Ellenbogen zeigen zu den Seiten), mit dem linken Fuß einen großen Schritt zur linken Seite setzen, Gewicht auf den linken Fuß verlagern und linkes Knie beugen, gleichzeitig mit den Armen eine Schlangenbewegung von rechts nach links ausführen
Puh!!! Uns fehlen die Worte! Schaut euch die Fotos an!

35   3   Gewicht auf den rechten Fuß verlagern und mit dem linken Ballen neben dem rechten Fuß auf den Boden tippen, gleichzeitig beide Arme über den Kopf heben, hinter dem Kopf Hände loslassen

36   4   beide Hände neben dem Körper nach unten bewegen und mit den Fingern schnipsen

37   5   mit dem linken Fuß vorwärts kicken

38   6   linkes Bein vor dem rechten kreuzen und den linken Ballen absetzen

39,40   7,8   eine ganze Drehung nach rechts ausführen auf 2 Counts

33,34
Side Step With Travolta Arm Ripples

35
Arm Looping

36
Snap

Der letzte Teil ist für Männer und Frauen unterschiedlich:

MÄNNER :

ELVIS LEG & SNAPS / LOOK TO THE LEFT & FREEZE / 1/4 TURN LEFT

41	1	mit dem rechten Fuß einen Schritt zur rechten Seite setzen und mit den Fingern der rechten Hand schnipsen
42-44	2-4	3x rechten Hacken anheben und senken und dabei mit den Fingern der rechten Hand schnipsen
45-47	5-7	über die linke Schulter (zur Frau) schauen, lächeln und Position halten
48	8	1/4 Drehung nach links ausführen

Na, Männer, steht auf eurer linken Seite überhaupt eine Frau?
Wenn nicht:
Trotzdem lächeln!

FRAUEN:

HIP ROLLS / 1/4 TURN LEFT

| 41-44 | 1-4 | Position halten und alle, die bis jetzt noch nicht gelächelt haben, dürfen es jetzt tun |
| 45-48 | 5-8 | 2 x die Hüfte im Uhrzeigersinn kreisen, auf Count 8 1/4 Drehung nach links ausführen |

Elvis Leg
& Finger Snaps

Hip Rolls

SUNGLASSES

Description :   4-Wall Line Dance, 32 Counts
Level :   Intermediate
Music :   "Sunglasses On My Heart" By Ronnie Beard
Choreographer : **PEDRO MACHADO**

BRUSH HITCH (TRAVELING SLIGHTLY FORWARD) / FORWARD CROSSOVER (3x) / STEP / TOUCH

1	1	mit dem rechten Fuß vorwärts über den Boden schleifen und das rechte Knie hochheben
2	2	rechtes Bein vor dem linken Bein kreuzen und den Fuß absetzen
3	3	mit dem linken Fuß vorwärts über den Boden schleifen und das linke Knie hochheben
4	4	linkes Bein vor dem rechten Bein kreuzen und den Fuß absetzen
5,6	5,6	1,2 wiederholen
7	7	mit dem linken Fuß einen Schritt rückwärts setzen
8	8	rechten Ballen neben dem linken Fuß absetzen

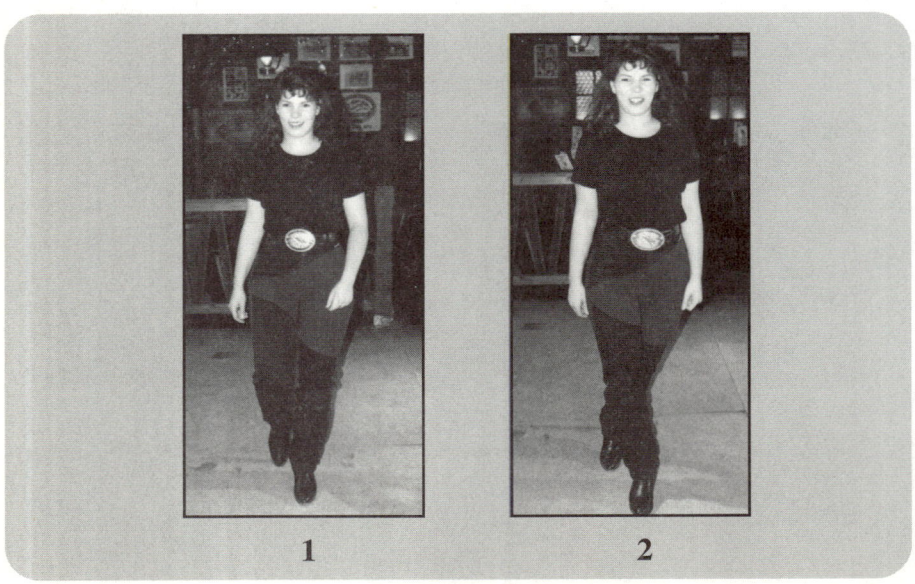

1   2

3-COUNT TURNS (1/4, 1/2, 1/4) / "ROW THE BOAT"
(TOE-HEEL ROCK IN PLACE WITH ARM MOVEMENT)

9	1	1/4 Drehung nach rechts ausführen
		und mit dem rechten Fuß einen Schritt vorwärts setzen
10	2	auf dem Ballen des rechten Fußes 1/2 Drehung nach rechts
		ausführen und mit dem linken Fuß einen Schritt rückwärts setzen
11	3	auf dem Ballen des linken Fußes 1/4 Drehung nach rechts ausführen
		und mit dem rechten Fuß einen Schritt zur rechten Seite setzen
&	&	beide Arme nach vorn ausstrecken,
		das Gewicht auf beide Ballen verlagern und die Hacken anheben
12	4	Ellenbogen beugen, Arme nach innen ziehen, so daß sich die Hände
		parallel vor der Taille befinden, Hacken senken, Gewicht auf den
		rechten Fuß verlagern
13	5	1/4 Drehung nach links ausführen
		und mit dem linken Fuß einen Schritt vorwärts setzen
14	6	auf dem Ballen des linken Fußes 1/2 Drehung nach links ausführen
		und mit dem rechten Fuß einen Schritt rückwärts setzen
15	7	auf dem Ballen des rechten Fußes 1/4 Drehung nach links ausführen
		und mit dem linken Fuß einen Schritt zur linken Seite setzen
&	&	beide Arme nach vorn ausstrecken,
		das Gewicht auf beide Ballen verlagern und die Hacken anheben
16	8	Ellenbogen beugen, Arme nach innen ziehen, so daß sich die Hände
		parallel vor der Taille befinden, Hacken senken, Gewicht auf den
		linken Fuß verlagern

&
&

12
16

"Row The Boat"

FORWARD DIAGONAL STEP & TOUCH WITH FINGER SNAPS / SYNCOPATED PUSH BACK

17	1	einen großen Schritt vorwärts und diagonal nach rechts mit dem rechten Fuß setzen
18	2	linken Ballen neben dem rechten Fuß absetzen und mit den Fingern schnipsen
19	3	einen großen Schritt vorwärts und diagonal nach links mit dem linken Fuß setzen
20	4	rechten Ballen neben den linken Fuß absetzen und mit den Fingern schnipsen
&	&	beide Arme nach vorn ausstrecken, so daß die Finger nach oben zeigen und die Handinnenfläche nach vorn, mit dem rechten Fuß einen Schritt bzw. kleinen flachen Sprung oder Scoot (Fuß gleitet ein Stück über den Boden) rückwärts ausführen
21	5	beide Arme und Hände so halten und mit dem linken Fuß einen Schritt (Sprung, Scoot) rückwärts neben den rechten Fuß setzen
22	6	beide Hände vor die Brust bringen (wie betende Position) und in die Hände klatschen
&23,24	&7,8	&21,22 wiederholen

&   21   22
&   23   24

Syncopated Push Back

MONTEREY TURN / KICK BALL CHANGE / 1/4 TURN INTO HIP BUMPS

25	1	rechtes Bein zur rechten Seite ausstrecken und mit der Fußspitze auf den Boden tippen
26	2	auf dem Ballen des linken Fußes 1/2 Drehung nach rechts ausführen und den rechten Fuß neben den linken Fuß ziehen
27	3	linkes Bein zur linken Seite ausstrecken und mit der Fußspitze auf den Boden tippen
28	4	linken Fuß neben den rechten Fuß stellen
29	5	mit dem rechten Fuß vorwärts kicken
&	&	mit dem rechten Ballen einen Schritt rückwärts setzen (Gewicht rechts, linken Fuß leicht anheben)
30	6	das Gewicht auf den linken Fuß verlagern
31	7	mit dem rechten Fuß einen Schritt vorwärts setzen
&	&	1/4 Drehung nach links ausführen und die Hüfte nach rechts bewegen (Gewicht rechts)
32	8	das Gewicht auf den linken Fuß verlagern und die Hüfte nach links bewegen

FUNK-N-GRUVIN

Description : 4-Wall Line Dance; 32 Counts
Level : Intermediate
Music : "Loosen Up My Strings" By Clint Black
Choreographer : **PEDRO MACHADO**

Pedro benutzt bei der Richtungsangabe den Vergleich mit einer Uhr. Stellt euch also einfach eine Uhr vor und überlegt, in welche Richtung der kleine Zeiger zeigt, dann wißt ihr, was gemeint ist.

FORWARD SWIVELS / MONTEREY TURN

1	1	Körper etwas nach rechts drehen (Richtung 1.30 Uhr) und mit dem rechten Ballen einen Schritt vorwärts setzen, so daß die rechte Fußspitze nach rechts (Richtung 3.00 Uhr) zeigt
2	2	auf dem Ballen des rechten Fußes Körper nach links drehen (Richtung 10.30 Uhr) und mit dem linken Ballen einen Schritt vorwärts setzen, so daß die linke Fußspitze nach links (Richtung 9.00 Uhr) zeigt
3	3	auf dem Ballen des linken Fußes Körper nach rechts drehen (Richtung1.30 Uhr) und mit dem rechten Ballen einen Schritt vorwärts setzen, so daß die rechte Fußspitze nach rechts (Richtung 3.00 Uhr) zeigt
&	&	auf den Ballen beider Füße (rechter Fuß etwas vor dem linken Fuß) beide Hacken nach rechts drehen, so daß die Fußspitzen nach links (Richtung10.30 Uhr) zeigen
4	4	auf den Ballen beider Füße (rechter Fuß etwas vor dem linken Fuß) beide Hacken nach links drehen, so daß die Fußspitzen nach rechts (Richtung 1.30 Uhr) zeigen
5	5	rechtes Bein zur rechten Seite ausstrecken und mit der Fußspitze auf den Boden tippen
6	6	auf dem Ballen des linken Fußes 1/2 Drehung nach rechts ausführen, rechten Fuß an den linken Fuß heranziehen und neben den linken Fuß stellen, Gewicht auf den rechten Fuß verlagern
7	7	linkes Bein zur linken Seite ausstrecken und mit der Fußspitze auf den Boden tippen
8	8	mit dem linken Ballen neben dem rechten Fuß auf den Boden tippen

"OFF TO SEE THE WIZARD"
(SYNCOPATED FORWARD DIAGONAL LOCK / 1/4 TURN)

&	&	mit dem linken Fuß einen kleinen Schritt rückwärts setzen
9	1	mit dem rechten Fuß einen Schritt vorwärts und diagonal nach rechts setzen
10	2	linkes Bein eng hinter dem rechten Bein kreuzen und den linken Fuß auf der rechten Seite des rechten Fußes absetzen, so daß die Knöchel sich kreuzen
&	&	mit dem rechten Fuß einen kleinen Schritt rückwärts setzen
11	3	mit dem linken Fuß einen Schritt vorwärts und diagonal nach links setzen
12	4	rechtes Bein eng hinter dem linken Bein kreuzen und den rechten Fuß auf der linken Seite des linken Fußes absetzen, so daß die Knöchel sich kreuzen
&13,14	&5,6	&9,10 (&1,2) wiederholen
&	&	mit dem rechten Fuß einen kleinen Schritt rückwärts setzen
15	7	1/4 Drehung auf dem rechten Ballen nach rechts ausführen und mit dem linken Fuß einen Schritt zur linken Seite setzen
16	8	rechten Fuß neben den linken Fuß setzen

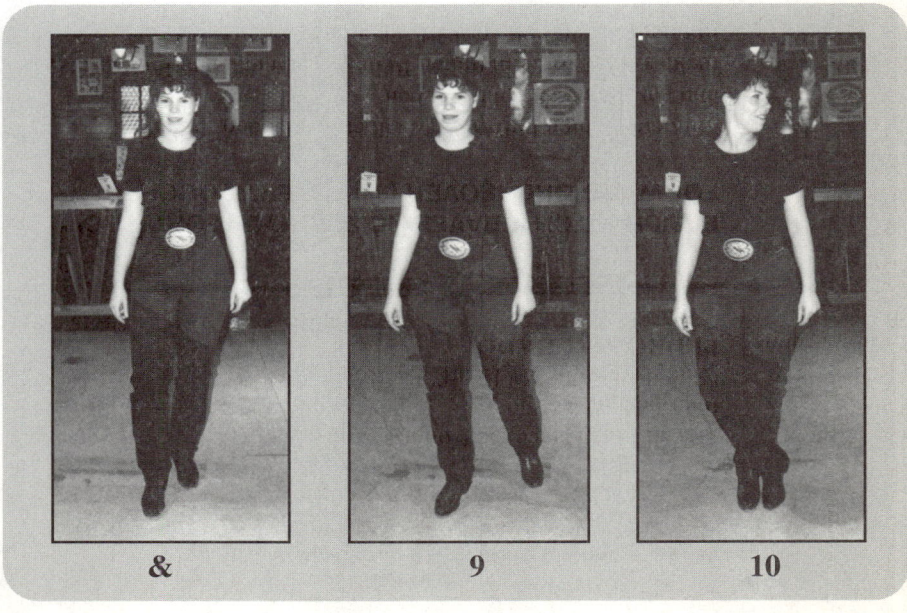

        &   9   10

CHASSÈ (SYNCOPATED WEAVE) / 1/2 TURN

17	1	linkes Bein vor dem rechten Bein kreuzen und den Fuß absetzen
&	&	die gekreuzte Position halten und mit dem rechten Ballen einen kleinen Schritt zur rechten Seite setzen
18	2	linkes Bein vor dem rechten kreuzen und den Fuß absetzen
&	&	mit dem rechten Fuß (Ballen) einen Schritt zur rechten Seite setzen
19	3	linkes Bein hinter dem rechten Bein kreuzen und den Fuß (Ballen) absetzen
&	&	mit dem rechten Fuß (Ballen) einen Schritt zur rechten Seite setzen
20	4	linkes Bein vor dem rechten Bein kreuzen und den Fuß absetzen
&	&	mit dem rechten Fuß einen Schritt zur rechten Seite setzen
21	5	linkes Bein zur linken Seite ausstrecken und mit der Fußspitze auf den Boden tippen
&	&	linken Fuß neben den rechten Fuß setzen
22	6	rechtes Bein vor dem linken Bein kreuzen und den Ballen absetzen
23	7	1/2 Drehung nach links ausführen
24	8	Position halten (Gewicht auf den linken Fuß verlagern)

KICKS / SAILOR SHUFFLE / KICKS / SAILOR SHUFFLE

25	1	mit dem rechten Fuß vorwärts kicken
26	2	mit dem rechten Fuß zur rechten Seite kicken
27	3	rechtes Bein hinter dem linken Bein kreuzen und den Fuß (Ballen) absetzen
&	&	mit dem linken Fuß (Ballen) einen Schritt zur linken Seite setzen
28	4	mit dem rechten Fuß einen kleinen Schritt zur rechten Seite setzen
29	5	mit dem linken Fuß vorwärts kicken
30	6	mit dem linken Fuß zur linken Seite kicken
31	7	linkes Bein hinter dem rechten Bein kreuzen und den Fuß (Ballen) absetzen
&	&	mit dem rechten Fuß (Ballen) einen Schritt zur rechten Seite setzen
32	8	mit dem linken Fuß einen kleinen Schritt zur linken Seite setzen

World Champion Pedro Machado, Susi und Gert (v.r.n.l.)

SOONER OR LATER

Description : 4-Wall Line Dance, 48 Counts
Level : Intermediate
Music : "To Be With You" By The Mavericks (Mit dem Gesang beginnen!)
"Love Ain`t Easy" By Big House (Mit dem Gesang beginnen!)
"Sunday In Memphis" By Big House (Mit dem Gesang beginnen!)
"Dance With A Stranger" By Janis Leigh
(Mit dem Gesang beginnen!)
"If You Wanna Touch Her, Ask!" By Shania Twain
(Mit dem Gesang beginnen!)
"More Than This" By 10.000 Maniacs
(Mit dem Gesang beginnen!)
Choreographer : **PETER METELNICK**

SIDE RIGHT / HOLD / LEFT SAILOR SHUFFLE / RIGHT CROSS OVER / HOLD / LEFT "QUICK" SCISSORS

1	1	mit dem rechten Fuß einen Schritt zur rechten Seite setzen
2	2	Position halten
3	3	linkes Bein hinter dem rechten kreuzen und den Fuß (oder Ballen) absetzen
&	&	mit dem rechten Fuß (oder Ballen) einen Schritt zur rechten Seite setzen
4	4	mit dem linken Fuß einen Schritt etwas zur linken Seite setzen
5	5	rechtes Bein vor dem linken Bein kreuzen und den Fuß absetzen
6	6	Position halten
7	7	mit dem linken Fuß einen Schritt zur linken Seite setzen
&	&	rechten Fuß neben den linken Fuß stellen
8	8	linkes Bein vor dem rechten Bein kreuzen und den Fuß absetzen

SIDE TOUCH RIGHT / HOLD /
1/4 RIGHT & RIGHT COASTER STEP / LEFT FORWARD /
RIGHT LOCK STEP / LEFT FORWARD CHA CHA

9	1	rechtes Bein zur rechten Seite ausstrecken und mit der Fußspitze auf den Boden tippen
10	2	Position halten
11	3	auf dem linken Ballen 1/4 Drehung nach rechts ausführen und mit dem rechten Fuß einen Schritt rückwärts setzen
&	&	linken Fuß neben den rechten Fuß stellen
12	4	mit dem rechten Fuß einen Schritt vorwärts setzen
13	5	mit dem linken Fuß einen Schritt vorwärts setzen
14	6	rechten Fuß eng hinter den linken Fuß stellen, so daß die Knöchel sich kreuzen. (Der rechte Fuß steht auf der linken Seite des linken Fußes, Hacken des linken Fußes wird angehoben, so daß nur noch der linke Ballen den Boden berührt, linkes Bein ist gebeugt, rechtes Bein ist gestreckt.)
15	7	mit dem linken Fuß einen Schritt vorwärts setzen
&	&	rechten Fuß an den linken Fuß stellen (oder auch einen Lock Step ausführen, siehe 14)
16	8	mit dem linken Fuß einen Schritt vorwärts setzen

RIGHT FORWARD / PIVOT 1/2 LEFT /
RIGHT FORWARD CHA CHA / LEFT FORWARD & SIDE
TOUCHES / 1/4 LEFT & LEFT COASTER STEP

17	1	mit dem rechten Fuß einen Schritt vorwärts setzen
18	2	1/2 Drehung nach links ausführen und das Gewicht auf den linken Fuß verlagern
19	3	mit dem rechten Fuß einen Schritt vorwärts setzen
&	&	linken Fuß an den rechten Fuß setzen
20	4	mit dem rechten Fuß einen Schritt vorwärts setzen
21	5	linkes Bein nach vorn ausstrecken und mit der Fußspitze auf den Boden tippen
22	6	linkes Bein zur linken Seite ausstrecken und mit der Fußspitze auf den Boden tippen
23	7	1/4 Drehung auf dem rechten Fuß nach links ausführen und mit dem linken Fuß einen Schritt rückwärts setzen
&	&	rechten Fuß neben den linken Fuß stellen
24	8	mit dem linken Fuß einen Schritt vorwärts setzen

DIAGONAL FORWARD / TOUCH / BACK CHA CHA /
DIAGONAL BACK / TOUCH / FORWARD CHA CHA

25	1	mit dem rechten Fuß einen Schritt vorwärts und diagonal nach rechts setzen
26	2	mit dem linken Ballen neben dem rechten Fuß auf den Boden tippen und mit den Fingern schnipsen oder klatschen
27	3	mit dem linken Fuß einen Schritt rückwärts und diagonal nach links setzen
&	&	rechten Fuß an den linken Fuß setzen
28	4	mit dem linken Fuß einen Schritt rückwärts und diagonal nach links setzen
29	5	mit dem rechten Fuß einen Schritt rückwärts und diagonal nach rechts setzen
30	6	mit dem linken Ballen neben dem rechten Fuß auf den Boden tippen und mit den Fingern schnipsen oder klatschen
31	7	mit dem linken Fuß einen Schritt vorwärts und diagonal nach links setzen
&	&	rechten Fuß an den linken Fuß setzen
32	8	mit dem linken Fuß einen Schritt vorwärts und diagonal nach links setzen

SIDE / BEHIND / CHA CHA TURNING 1/2 RIGHT / SIDE /
BEHIND / CHA CHA IN PLACE

33	1	mit dem rechten Fuß einen Schritt zur rechten Seite setzen
34	2	linkes Bein hinter dem rechten Bein kreuzen und den Fuß absetzen
35&36	3&4	1/2 Drehung nach rechts mit 3 Schritten ausführen: rechts, links, rechts
37	5	mit dem linken Fuß einen Schritt zur linken Seite setzen
38	6	rechtes Bein hinter dem linken Bein kreuzen und den Fuß absetzen
39	7	mit dem linken Fuß einen Schritt zur linken Seite setzen
&	&	rechten Fuß neben den linken Fuß stellen
40	8	mit dem linken Fuß einen Schritt am Platz setzen

SIDE / BEHIND / RIGHT SIDE CHA CHA
TURNING 1/4 RIGHT / LEFT FORWARD /
RIGHT LOCK STEP / LEFT FORWARD CHA CHA

41	1	mit dem rechten Fuß einen Schritt zur rechten Seite setzen
42	2	linkes Bein hinter dem rechten Bein kreuzen und den Fuß absetzen
43	3	1/4 Drehung nach rechts ausführen
		und mit dem rechten Fuß einen Schritt vorwärts setzen
&	&	linken Fuß an den rechten Fuß stellen
44	4	mit dem rechten Fuß einen Schritt vorwärts setzen
45	5	mit dem linken Fuß einen Schritt vorwärts setzen
46	6	rechten Fuß eng hinter den linken Fuß stellen,
		so daß die Knöchel sich kreuzen (siehe 14)
		Weitere Möglichkeit: Auf den Counts 45,46 (5,6)
		eine ganze Drehung nach rechts ausführen.
47	7	mit dem linken Fuß einen Schritt vorwärts setzen
&	&	linken Fuß an den rechten Fuß setzen
48	8	mit dem linken Fuß einen Schritt vorwärts setzen

SHAKIN' ALL OVER

Dieser Tanz hat 2x einen Choreografiewettbewerb gewonnen:
Line Dance Choreography Winner – Dance Team Showdown, Fort Wayne, Indiana,
März 1998; Line Dance Chorography Winner – Canadian Country Classic, Toronto
Ontario, September 1997

Description :	4-Wall Line Dance,
	64 Counts (Teil A)
	+ 8 Counts (Teil B)
Level :	Intermediate
Sequence :	2xA, B, 2xA, B, A wiederholen bis zum Ende
Music :	"The Shake" By Neal McCoy (Mit dem Gesang beginnen!)
	"Fast As You" (Remix) By Dwight Yoakam
	(Auch mit dem Gesang beginnen
	und die gleiche Reihenfolge der Teile A und B tanzen.)
	Möchtet ihr den Tanz zu anderer Musik tanzen,
	könnt Ihr auch nur Teil A tanzen.
Choreographer :	**PETER METELNICK**

TEIL A

SHAKE IT TO THE LEFT / SHAKE IT TO THE RIGHT

1-4		Hüfte 4x nach links bewegen
5-8	5-8	Hüfte 4x nach rechts bewegen

TURN 1/4 LEFT & SHUFFLE FORWARD / RIGHT FORWARD / 1/2 PIVOT TURN / SHUFFLE FORWARD / STOMP LEFT 2x

9	1	1/4 Drehung nach links ausführen
		und mit dem linken Fuß einen Schritt vorwärts setzen
&	&	rechten Fuß an den linken Fuß stellen
10	2	mit dem linken Fuß einen Schritt vorwärts
11	3	mit dem rechten Fuß einen Schritt vorwärts setzen
12	4	1/2 Drehung nach links ausführen,
		Gewicht auf den linken Fuß verlagern

13	5	mit dem rechten Fuß einen Schritt vorwärts setzen
&	&	linken Fuß an den rechten Fuß stellen
14	6	mit dem rechten Fuß einen Schritt vorwärts setzen
15	7	mit dem linken Fuß neben dem rechten Fuß stampfen
16	8	mit dem linken Fuß neben dem rechten Fuß stampfen (Gewicht rechts halten)

SAILOR SHUFFLES WITH A TWIST

17	1	linkes Bein hinter dem rechten Bein kreuzen und den Fuß (oder Ballen) absetzen
&	&	mit dem rechten Fuß (oder Ballen) einen Schritt zur rechten Seite setzen
18	2	mit dem linken Fuß (oder Ballen) einen Schritt am Platz oder etwas zur linken Seite setzen
19	3	mit auseinander gestellten Füßen und dem Gewicht auf den Ballen beide Hacken nach links drehen (etwas in die Knie gehen)
20	4	beide Hacken nach rechts drehen (Gewicht ist am Ende links)
21	5	rechtes Bein hinter dem linken Bein kreuzen und den Fuß (oder Ballen) absetzen
&	&	mit dem linken Fuß (oder Ballen) einen Schritt zur linken Seite setzen
22	6	mit dem rechten Fuß (oder Ballen) einen Schritt am Platz oder etwas zur rechten Seite setzen
23	7	mit auseinander gestellten Füßen und dem Gewicht auf beiden Ballen beide Hacken nach rechts drehen (etwas in die Knie gehen)
24	8	beide Hacken nach links drehen und 1/4 Drehung nach rechts ausführen (Gewicht ist am Ende links.)

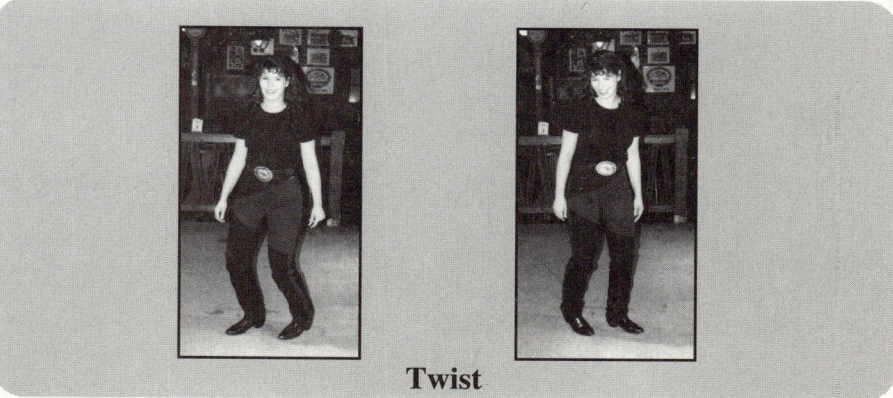

Twist

Mögliches Styling : Während des Refrains, wenn Neal singt : "Shake it real funky", kann man auf den Counts 3,4 (19,20) folgende Schritte tanzen:

"FUNKY CHICKEN"

&	&	beide Knie beugen (Gewicht auf den Ballen,
		Hacken etwas anheben) und Knie nach außen bewegen
19	3	Knie nach innen bewegen
&20	&4	&19 (&3) wiederholen
		(Eine Idee von Bill Morgan!)

Wenn Neal als nächstes singt "Shake it real low", kann man auf den Counts 7,8 (23,24) folgende Schritte tanzen:

23	7	beide Hacken nach rechts drehen und tief in die Knie gehen
24	8	beide Hacken nach links drehen, 1/4 Drehung nach rechts ausführen
		und wieder hoch kommen (Gewicht ist am Ende links.)

FORWARD SHUFFLE / STEP LEFT TURNING 1/2 RIGHT / RIGHT BACK / SHAKE IT BACK!

25	1	mit dem rechten Fuß einen Schritt vorwärts setzen
&	&	linken Fuß an den rechten Fuß stellen
26	2	mit dem rechten Fuß einen Schritt vorwärts setzen
27	3	1/2 Drehung auf dem rechten Ballen nach rechts ausführen und
		mit dem linken Fuß einen Schritt rückwärts setzen
28	4	mit dem rechten Fuß einen Schritt rückwärts setzen
29-32	5-8	rechte Hüfte 4x nach hinten (rechts) bewegen (Gewicht rechts)

Mögliches Styling für die Counts 5-8 (29-32):

"ARMA!"

29-32	5-8	während der Hüftbewegung rechten Unterarm auf der rechten
		Seite kreisen
		Eine Idee von Norma DeLorenzo!

FORWARD SHUFFLE /
RIGHT FORWARD 1/2 LEFT PIVOT TURN /
RIGHT FORWARD / DOUBLE CLAP / LEFT FORWARD /
SINGLE CLAP

33	1	mit dem linken Fuß einen Schritt vorwärts setzen
&	&	rechten Fuß an den linken Fuß stellen
34	2	mit dem linken Fuß einen Schritt vorwärts setzen
35	3	mit dem rechten Fuß einen Schritt vorwärts setzen
36	4	1/2 Drehung nach links ausführen, Gewicht auf den linken Fuß verlagern
37	5	mit dem rechten Fuß einen Schritt vorwärts setzen
&	&	in die Hände klatschen
38	6	in die Hände klatschen
39	7	mit dem linken Fuß einen Schritt vorwärts setzen
40	8	in die Hände klatschen

RIGHT FORWARD / DOUBLE CLAP / LEFT FORWARD /
SINGLE CLAP / HITCH- STEPS BACK

41	1	mit dem rechten Fuß einen Schritt vorwärts setzen
&	&	in die Hände klatschen
42	2	in die Hände klatschen
43	3	mit dem linken Fuß einen Schritt vorwärts setzen
44	4	in die Hände klatschen
&	&	rechtes Knie hochziehen
45	5	mit dem rechten Fuß einen Schritt rückwärts setzen
&	&	linkes Knie hochziehen
46	6	mit dem linken Fuß einen Schritt rückwärts setzen
&	&	rechtes Knie hochziehen
47	7	mit dem rechten Fuß einen Schritt rückwärts setzen
&	&	linkes Knie hochziehen
48	8	mit dem linken Fuß einen Schritt rückwärts setzen

Leichtere Möglichkeit:

45-48   5-8   3 Schritte rückwärts setzen: rechts, links, rechts, links

1/2 RIGHT MONTEREY TURN & DOUBLE CLAP / 1/4 RIGHT MONTEREY TURN & CLAP

49	1	rechtes Bein zur rechten Seite ausstrecken und mit der Fußspitze auf den Boden tippen
50	2	1/2 Drehung auf dem linken Ballen nach rechts ausführen und den rechten Fuß an den linken Fuß heranziehen, Gewicht auf den rechten Fuß verlagern
51	3	linkes Bein zur linken Seite ausstrecken und mit der Fußspitze auf den Boden tippen
52	4	linken Fuß neben den rechten Fuß stellen, Gewicht auf den linken Fuß verlagern
53	5	rechtes Bein zur rechten Seite ausstrecken und mit der Fußspitze auf den Boden tippen
54	6	1/4 Drehung auf dem linken Ballen nach rechts ausführen und den rechten Fuß an den linken Fuß heranziehen, Gewicht auf den rechten Fuß verlagern
55	7	linkes Bein zur linken Seite ausstrecken und mit der Fußspitze auf den Boden tippen
56	8	linken Fuß neben den rechten Fuß stellen, Gewicht auf den linken Fuß verlagern

Während der Monterey Turns kann man auf folgenden Counts klatschen: &2, 4, & 6, 8

HEEL TOE SWIVELS TRAVELING RIGHT (THE DWIGHT)/ 1/2 MONTEREY TURN ENDING WITH LEFT KNEE BENT IN FRONT OF RIGHT LEG

		Mit dem Gewicht auf dem linken Fuß nach rechts bewegen:
57	1	linken Hacken nach rechts drehen, rechtes Knie nach innen drehen und mit der rechten Fußspitze neben dem linken Fuß auf den Boden tippen
58	2	linke Fußspitze nach rechts drehen, rechtes Knie nach außen drehen und mit dem rechten Hacken auf den Boden tippen
59	3	57 wiederholen
60	4	58 wiederholen
61	5	rechtes Bein zur rechten Seite ausstrecken und mit der Fußspitze auf den Boden tippen
62	6	1/2 Drehung auf dem linken Ballen nach rechts ausführen und den rechten Fuß an den linken Fuß heranziehen, Gewicht auf den rechten Fuß verlagern

63	7	linkes Bein zur linken Seite ausstrecken und mit der Fußspitze auf den Boden tippen
64	8	linkes Knie hochziehen und vor dem rechten Bein kreuzen

Damit der Tanz gut zu dem Lied "The Shake" von Neal McCoy paßt, muß an 2 Stellen der Teil B eingefügt werden. Nachdem man den Teil A das 2. Mal beendet hat, schaut man nach hinten und es folgt der Teil B. Anschließend wird wieder 2x Teil A getanzt, man schaut nach vorn und tanzt Teil B. Danach wird Teil A wiederholt bis zum Ende des Liedes. Hört sich kompliziert an, ist aber einfach! Die Musik sagt Euch, was zu tun ist!

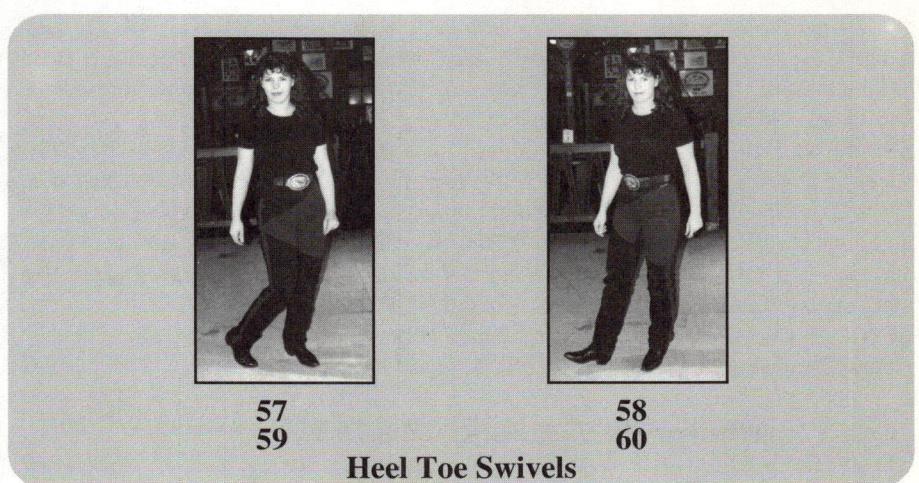

57
59

58
60

Heel Toe Swivels

TEIL B

BASIC LEFT & CLAP / BASIC RIGHT & CLAP

1	1	mit dem linken Fuß einen Schritt zur linken Seite setzen
2	2	rechten Fuß neben den linken Fuß stellen
3	3	mit dem linken Fuß einen Schritt zur linken Seite setzen
4	4	mit dem rechten Ballen neben dem linken Fuß auf den Boden tippen und in die Hände klatschen
5	5	mit dem rechten Fuß einen Schritt zur rechten Seite setzen
6	6	linken Fuß neben den rechten Fuß stellen
7	7	mit dem rechten Fuß einen Schritt zur rechten Seite setzen
8	8	mit dem linken Ballen neben dem rechten Fuß auf den Boden tippen und in die Hände klatschen

HAVE FUN SHAKIN` ALL OVER!

LET 'ER RIP

Description :		1-Wall Line Dance,
		56 Counts (Teil A) &
		64 Counts (Teil B)
Level :		Intermediate
Music :		"Let`er Rip" By Dixie Chicks

Nach einer langsam gesungenen Einleitung, hört man einen Mann sagen: "1, 2, 3", danach singen die Frauen "Let`er Rip". Anschließend hört man 2 stark betonte Beats, an dieser Stelle wird mit dem Tanz begonnen! Beim ersten Durchgang mit Count 2 beginnen – Hüfte nach rechts bewegen (beim ersten betonten Beat).

SEQUENCE : Damit der Tanz gut zur Musik paßt, werden die Teile in folgendem Wechsel getanzt: A B A B A. Wenn Teil A zum 3. Mal getanzt wird, werden die Counts 25-40 2x getanzt. Erst nach der Wiederholung kommen die Schritte von Count 41-44 und zwar 3x!!! Anschließend rechtes Bein vor dem linken kreuzen und den Ballen absetzen und eine ganze Drehung nach links ausführen für das Ende des Tanzes. Bitte nicht verzweifeln! Es ist leichter als es aussieht. Hört auf die Musik!
Im Notfall uns anrufen! Den Tanz muß man können!
Choreographer : **PETER METELNICK**

TEIL A

"NOTHING" (WITH ATTITUDE) / HIP BUMPS / HOLD

1	1	Füße stehen in leichtem Abstand zueinander, Gewicht ist links, Position so halten
2	2	Hüfte nach rechts bewegen
3	3	Hüfte nach links bewegen
4	4	Position halten mit dem Gewicht links
5	5	Position halten
6	6	Hüfte nach rechts bewegen
7	7	Hüfte nach links bewegen
8	8	Position halten mit dem Gewicht links

RIGHT SHUFFLE / 1/2 PIVOT RIGHT /
LEFT SHUFFLE / 1/2 PIVOT LEFT

9	1	mit dem rechten Fuß einen Schritt vorwärts setzen
&	&	linken Fuß an den rechten Fuß setzen
10	2	mit dem rechten Fuß einen Schritt vorwärts setzen
11	3	mit dem linken Fuß einen Schritt vorwärts setzen
12	4	1/2 Drehung nach rechts ausführen, Gewicht auf den rechten Fuß verlagern
13	5	mit dem linken Fuß einen Schritt vorwärts setzen
&	&	rechten Fuß an den linken Fuß setzen
14	6	mit dem linken Fuß einen Schritt vorwärts setzen
15	7	mit dem rechten Fuß einen Schritt vorwärts setzen
16	8	1/2 Drehung nach links ausführen und das Gewicht auf den linken Fuß verlagern

TOE STRUTS FORWARD

17	1	rechten Ballen vorn absetzen
18	2	ganzen Fuß absetzen und das Gewicht auf den rechten Fuß verlagern
19	3	linken Ballen vorn absetzen
20	4	ganzen Fuß absetzen und das Gewicht auf den linken Fuß verlagern
21-24	5-8	17-20 (1-4) wiederholen

FORWARD ROCK / 1/4 TURN SIDE SHUFFLE /
WEAVE LEFT WITH 1/4 TURN

25	1	mit dem rechten Fuß einen Schritt vorwärts setzen (Gewicht rechts)
26	2	Gewicht auf den linken Fuß verlagern
27	3	auf dem Ballen des linken Fußes 1/4 Drehung nach rechts ausführen und mit dem rechten Fuß einen Schritt zur rechten Seite setzen
&	&	linken Fuß neben den rechten Fuß setzen
28	4	mit dem rechten Fuß einen Schritt zur rechten Seite setzen
29	5	linkes Bein vor dem rechten Bein kreuzen und den Fuß absetzen
30	6	mit dem rechten Fuß einen Schritt zur rechten Seite setzen
31	7	linkes Bein hinter dem rechten Bein kreuzen und den Fuß absetzen
32	8	1/4 Drehung nach rechts ausführen und mit dem rechten Fuß einen Schritt vorwärts setzen

FORWARD ROCK / 1/4 TURN SIDE SHUFFLE / WEAVE LEFT WITH 1/4 TURN & HITCH

33	1	mit dem linken Fuß einen Schritt vorwärts setzen (Gewicht links)
34	2	Gewicht auf den rechten Fuß verlagern
35	3	auf dem Ballen des rechten Fußes 1/4 Drehung nach links ausführen und mit dem linken Fuß einen Schritt zur linken Seite setzen
&	&	rechten Fuß neben den linken Fuß setzen
36	4	mit dem linken Fuß einen Schritt zur linken Seite setzen
37	5	rechtes Bein vor dem linken Bein kreuzen und den Fuß absetzen
38	6	mit dem linken Fuß einen Schritt zur linken Seite setzen
39	7	rechtes Bein hinter dem linken Bein kreuzen und den Fuß absetzen
40	8	1/4 Drehung nach links ausführen und mit dem linken Fuß einen Schritt vorwärts setzen, rechtes Knie hochziehen

"NOTHING" (WITH ATTITUDE) / HIP BUMPS / HOLD

41	1	Position halten
42	2	mit dem rechten Fuß einen Schritt zur rechten Seite setzen und Hüfte nach rechts bewegen
43	3	Hüfte nach links bewegen
44	4	Position halten mit dem Gewicht links
45	5	Position halten
46	6	Hüfte nach rechts bewegen
47	7	Hüfte nach links bewegen
48	8	Position halten mit dem Gewicht links

SIDE SHUFFLE RIGHT / CROSS ROCK/ SIDE SHUFFLE LEFT / CROSS ROCK

49	1	mit dem rechten Fuß einen Schritt zur rechten Seite setzen
&	&	linken Fuß neben den rechten Fuß setzen
50	2	mit dem rechten Fuß einen Schritt zur rechten Seite setzen
51	3	linkes Bein vor dem rechten Bein kreuzen und den Fuß absetzen (Gewicht links)
52	4	Gewicht wieder auf den rechten Fuß verlagern
53	5	mit dem linken Fuß einen Schritt zur linken Seite setzen
&	&	rechten Fuß neben den linken Fuß setzen
54	6	mit dem linken Fuß einen Schritt zur linken Seite setzen

55	7	rechtes Bein vor dem linken Bein kreuzen und den Fuß absetzen (Gewicht rechts)
56	8	Gewicht wieder auf den linken Fuß verlagern (Auf 1/2 Drehung nach rechts vorbereiten!)

TEIL B

1/2 TURN RIGHT INTO SHUFFLE / TOUCH & CROSS STEPS

1	1	auf dem Ballen des linken Fußes 1/2 Drehung nach rechts ausführen und mit dem rechten Fuß einen Schritt vorwärts setzen
&	&	linken Fuß an den rechten Fuß setzen
2	2	mit dem rechten Fuß einen Schritt vorwärts setzen
3	3	linkes Bein zur linken Seite ausstrecken und mit der Fußspitze auf den Boden tippen
4	4	linkes Bein vor dem rechten Bein kreuzen und den Fuß absetzen
5	5	rechtes Bein zur rechten Seite ausstrecken und mit der Fußspitze auf den Boden tippen
6	6	rechtes Bein vor dem linken Bein kreuzen und den Fuß absetzen
7	7	linkes Bein zur linken Seite ausstrecken und mit der Fußspitze auf den Boden tippen
8	8	linkes Bein vor dem rechten Bein kreuzen und den Fuß absetzen

KICK BALL STEP APART / HEELS TOES IN / HEEL / HOOK / HEEL SWITCHES WITH 1/4 TURN RIGHT

9	1	mit dem rechten Fuß vorwärts kicken
&	&	mit dem rechten Fuß einen kleinen Schritt zur rechten Seite setzen
10	2	mit dem linken Fuß einen kleinen Schritt zur linken Seite setzen
11	3	beide Hacken nach innen drehen
12	4	beide Fußspitzen nach innen drehen
13	5	mit dem rechten Hacken vorn auf den Boden tippen
14	6	rechten Fuß vor dem linken Schienbein kreuzen, rechte Fußspitze berührt den Boden
15	7	mit dem rechten Hacken vorn auf den Boden tippen
&	&	rechten Fuß neben den linken Fuß setzen
16	8	mit dem linken Hacken vorn auf den Boden tippen
&	&	linken Fuß an den rechten Fuß setzen und 1/4 Drehung nach rechts ausführen

HEEL / HOOK & HEEL SWITCHES
WITH 1/4 TURN RIGHT

17	1	mit dem rechten Hacken vorn auf den Boden tippen
18	2	rechten Fuß vor dem linken Schienbein kreuzen, rechte Fußspitze berührt den Boden
19	3	mit dem rechten Hacken vorn auf den Boden tippen
&	&	rechten Fuß neben den linken Fuß setzen
20	4	mit dem linken Hacken vorn auf den Boden tippen
&	&	linken Fuß an den rechten Fuß setzen und 1/4 Drehung nach rechts ausführen
21-24	5-8	17-20 wiederholen
&	&	linken Fuß neben den rechten Fuß setzen

RIGHT SHUFFLE / 1/2 PIVOT RIGHT /
LEFT SHUFFLE / 1/2 PIVOT LEFT

25	1	mit dem rechten Fuß einen Schritt vorwärts setzen
&	&	linken Fuß an den rechten Fuß setzen
26	2	mit dem rechten Fuß einen Schritt vorwärts setzen
27	3	mit dem linken Fuß einen Schritt vorwärts setzen
28	4	1/2 Drehung nach rechts ausführen und das Gewicht auf den rechten Fuß verlagern
29	5	mit dem linken Fuß einen Schritt vorwärts setzen
&	&	rechten Fuß an den linken Fuß setzen
30	6	mit dem linken Fuß einen Schritt vorwärts setzen
31	7	mit dem rechten Fuß einen Schritt vorwärts setzen
32	8	1/2 Drehung nach links ausführen und das Gewicht auf den linken Fuß verlagern

REPEAT STEPS 1-24

| 33-56 | | 1-24 von Teil B wiederholen, aber ohne 1/2 Drehung am Anfang (Count 1 ist dann einfach nur ein Schritt mit rechts vorwärts.) |

RIGHT SHUFFLE FORWARD / STEP 1/2 PIVOT RIGHT / WALK FORWARD / HITCH

57	1	mit dem rechten Fuß einen Schritt vorwärts setzen
&	&	linken Fuß neben den rechten Fuß setzen
58	2	mit dem rechten Fuß einen Schritt vorwärts setzen
59	3	mit dem linken Fuß einen Schritt vorwärts setzen
60	4	1/2 Drehung nach rechts ausführen
		und das Gewicht auf den rechten Fuß verlagern
61	5	mit dem linken Fuß einen Schritt vorwärts setzen
62	6	mit dem rechten Fuß einen Schritt vorwärts setzen
63	7	mit dem linken Fuß einen Schritt vorwärts setzen
64	8	rechtes Knie hochziehen (um sich auf das "Nichtstun" vorzubereiten)

Achtung: Auf Count 2 von Teil A wird der rechte Fuß dann rechts abgestellt (Hüfte nach rechts bewegen).

Opp, Alabama

DRIVE ME WILD

Description : 4-Wall Line Dance, 48 Counts
Level : Intermediate
Music : "Just A Little Bit" By Gina G.
 "Drive Time" By M People
Choreographer : **SCOTT BLEVINS**

RIGHT KICK BALL-SIDE / KICK / STEP / KICK / CROSS / BACK / TOGETHER / POINT RIGHT / TOGETHER / POINT LEFT

1	1	mit dem rechten Fuß vorwärts kicken
&	&	rechten Fuß neben den linken Fuß stellen
2	2	mit dem linken Fuß einen Schritt zur linken Seite setzen
3	3	mit dem rechten Fuß vorwärts kicken
4	4	rechten Fuß hinter den linken Fuß stellen
		(3. Position: Innenseite des rechten Fußes an linkem Hacken)
5	5	mit dem linken Fuß vorwärts kicken
&	&	linkes Bein vor dem rechten Bein kreuzen und den Ballen absetzen
6	6	mit dem rechten Fuß einen Schritt rückwärts setzen
&	&	linken Fuß neben den rechten Fuß stellen
7	7	rechtes Bein zur rechten Seite ausstrecken
		und mit der Fußspitze auf den Boden tippen
&	&	rechten Fuß neben den linken Fuß stellen
8	8	linkes Bein zur linken Seite ausstrecken
		und mit der Fußspitze auf den Boden tippen

TOGETHER / POINT RIGHT / 1/4 TURN RIGHT / HIP SHAKES / WALK FORWARD / SHUFFLE FORWARD

&	&	linken Fuß neben den rechten Fuß stellen
9	1	rechtes Bein zur rechten Seite ausstrecken
		und mit der Fußspitze auf den Boden tippen
10	2	1/4 Drehung auf dem linken Ballen nach rechts ausführen
		und rechten Fuß neben den linken Fuß stellen
11	3	Hüfte nach rechts bewegen
&	&	Hüfte nach links bewegen

90

12	4	Hüfte nach rechts bewegen
&	&	Hüfte nach links bewegen (Gewicht links)
13	5	mit dem rechten Fuß einen Schritt vorwärts setzen
14	6	mit dem linken Fuß einen Schritt vorwärts setzen
15	7	mit dem rechten Fuß einen Schritt vorwärts setzen
&	&	linken Fuß an den rechten Fuß stellen
16	8	mit dem rechten Fuß einen Schritt vorwärts setzen

STEP FORWARD / 3/4 TURN RIGHT / SIDE STEP / TOGETHER/ KICK / TOGETHER / HEEL TAP / TOGETHER / KNEE POP / HEEL TAP

17	1	mit dem linken Fuß einen Schritt vorwärts setzen
18	2	3/4 Drehung nach rechts ausführen, Gewicht auf den rechten Fuß verlagern
19	3	einen großen Schritt mit dem linken Fuß zur linken Seite setzen
20	4	rechten Fuß neben den linken Fuß stellen
21	5	mit dem linken Fuß vorwärts kicken
&	&	linken Fuß neben den rechten Fuß stellen
22	6	mit dem rechten Hacken vorn auf den Boden tippen
&	&	rechten Fuß neben den linken Fuß stellen
23	7	linken Hacken anheben, das linke gebeugte Knie zeigt nach vorn
24	8	linkes Bein strecken und mit dem rechten Hacken vorn auf den Boden tippen

TOGETHER / POINT LEFT / 1/4 TURN LEFT / BODY ROLL/ PADDLE TURN LEFT

&	&	rechten Fuß neben den linken Fuß stellen
25	1	linkes Bein zur linken Seite ausstrecken und mit der Fußspitze auf den Boden tippen
26	2	1/4 Drehung auf dem rechten Fuß nach links ausführen, das Gewicht bleibt rechts, rechtes Knie ist leicht gebeugt
27,28	3,4	den Körper etwas nach rechts drehen und über zwei Counts einen Body Roll vorwärts und nach links ausführen (Gewicht ist am Ende links)

Mit den nächsten Schritten wird insgesamt eine 3/4 Drehung nach links ausgeführt:

&	&	rechtes Knie hochziehen
29	5	auf dem linken Fuß etwas nach links drehen, rechtes Bein zur rechten Seite ausstrecken und mit der Fußspitze auf den Boden tippen (Beginn der 3/4 Drehung)
&	&	rechtes Knie hochziehen
30	6	auf dem linken Fuß etwas nach links drehen, rechtes Bein zur rechten Seite ausstrecken und mit der Fußspitze auf den Boden tippen (Weiterführen der Drehung)
&	&	rechtes Knie hochziehen
31	7	auf dem linken Fuß etwas nach links drehen, rechtes Bein zur rechten Seite ausstrecken und mit der Fußspitze auf den Boden tippen (Weiterführen der Drehung)
&	&	rechtes Knie hochziehen
32	8	auf dem linken Fuß etwas nach links drehen, rechtes Bein zur rechten Seite ausstrecken und mit der Fußspitze auf den Boden tippen (Beenden der 3/4 Drehung)

CROSS / 1/4 TURN RIGHT / STEP FORWARD / 1/2 TURN RIGHT / STEP FORWARD / KICK RIGHT / OUT / OUT

33	1	rechtes Bein vor dem linken Bein kreuzen und den Fuß absetzen
&	&	linken Fuß zur linken Seite setzen und mit 1/4 Drehung nach rechts beginnen
34	2	1/4 Drehung nach rechts vervollständigen und mit dem rechten Fuß einen Schritt vorwärts setzen
35	3	mit dem linken Fuß einen Schritt vorwärts setzen
36	4	1/2 Drehung nach rechts ausführen
37	5	mit dem linken Fuß einen Schritt vorwärts setzen
38	6	mit dem rechten Fuß vorwärts kicken
&	&	rechten Fuß zur rechten Seite setzen
39	7	linken Fuß zur linken Seite setzen
40	8	Fußposition halten und in die Hände klatschen

HIP ROLLS / 1/2 TURNS LEFT

41,42	1,2	Hüfte entgegen dem Uhrzeigersinn 1x kreisen
43,44	3,4	41,42 wiederholen
45	5	mit dem rechten Fuß einen Schritt vorwärts setzen
46	6	1/2 Drehung nach links ausführen
47,48	7,8	45,46 wiederholen

Gonzales, Texas

BETTER OFF ?

Description : 4-Wall Line Dance, 48 Counts
Level : Intermediate
Music : "I´m From The Country" By Tracy Byrd
Choreographer : **JÖRG HAMMER**

HEEL TAPS / TOE TOUCHES / STOMPS & HIP ACTION

1	1	mit dem rechten Hacken vorn auf den Boden tippen
&	&	rechten Fuß neben den linken Fuß stellen
2	2	mit dem linken Hacken vorn auf den Boden tippen
&	&	linken Fuß neben den rechten Fuß stellen
3	3	rechtes Bein zur rechten Seite ausstrecken und mit der Fußspitze auf den Boden tippen
&	&	rechten Fuß neben den linken Fuß stellen
4	4	linkes Bein zur linken Seite ausstrecken und mit der Fußspitze auf den Boden tippen
&	&	linken Fuß neben den rechten Fuß stellen
5	5	mit dem rechten Fuß etwas vorwärts und zur rechten Seite stampfen, das Gewicht links halten
6	6	mit dem rechten Fuß etwas weiter zur rechten Seite stampfen
7,8	7,8	Hüfte im Uhrzeigersinn von vorn nach hinten kreisen

ROLLING VINE / POINT BALL CROSS

9	1	1/4 Drehung nach links ausführen und mit dem linken Fuß einen Schritt vorwärts setzen
10	2	auf dem linken Ballen 1/2 Drehung nach links ausführen und mit dem rechten Fuß einen Schritt rückwärts setzen
11	3	auf dem rechten Ballen 1/4 Drehung nach links ausführen und mit dem linken Fuß einen Schritt zur linken Seite setzen
12	4	rechtes Bein vor dem linken kreuzen und den Fuß absetzen
13	5	mit dem linken Fuß diagonal nach links kicken (Fußspitze zeigt nach unten, Körper ist nach vorn gerichtet)
&	&	linken Ballen hinten absetzen (Gewicht links)
14	6	rechtes Bein vor dem linken kreuzen und den Fuß absetzen
15&16	7&8	13&14 (5&6) wiederholen

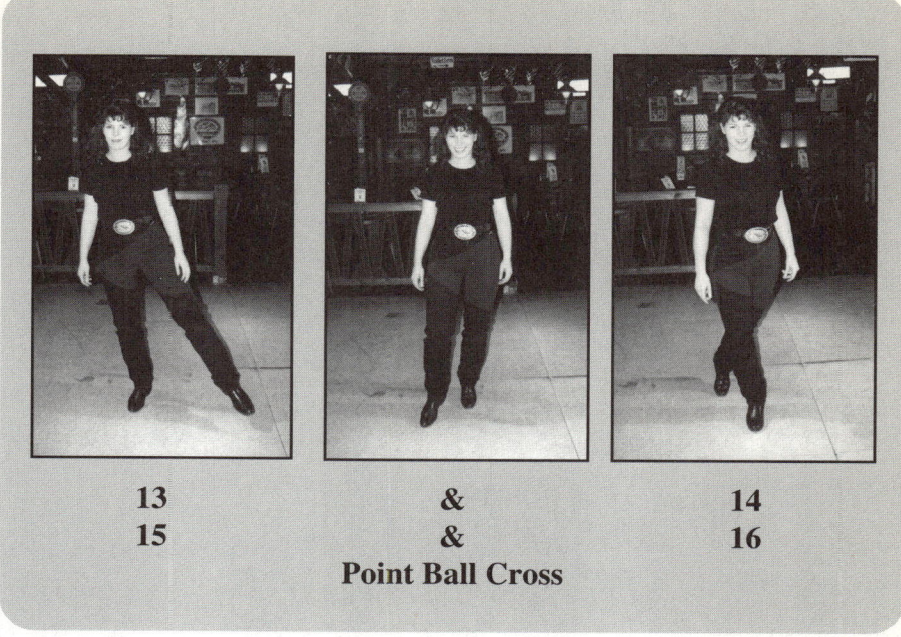

13	&	14
15	&	16
	Point Ball Cross	

PIVOT TURN / SLIDE / FAST GRAPEVINE

17	1	1/4 Drehung nach links ausführen
		und mit dem linken Fuß einen Schritt vorwärts setzen
18	2	1/2 Drehung auf dem Ballen des linken Fußes nach rechts ausführen
		und das Gewicht auf den rechten Fuß verlagern
19	3	mit dem linken Fuß einen Schritt vorwärts setzen
20	4	1/4 Drehung auf dem linken Ballen nach links ausführen
		und mit dem rechten Fuß einen großen Schritt zur rechten Seite setzen
21,22	5,6	linken Fuß langsam an den rechten Fuß heranziehen
23	7	linkes Bein hinter dem rechten kreuzen und den Ballen absetzen
&	&	mit dem rechten Ballen einen Schritt zur rechten Seite setzen
24	8	linkes Bein vor dem rechten Bein kreuzen und den Fuß absetzen

3/4 MONTEREY TURN / START ROLLING VINE

25	1	rechtes Bein zur rechten Seite ausstrecken und mit der Fußspitze auf den Boden tippen
26	2	3/4 Drehung auf dem linken Ballen nach rechts ausführen und den rechten Fuß neben den linken Fuß stellen
27	3	linkes Bein zur linken Seite ausstrecken und mit der Fußspitze auf den Boden tippen
28	4	linken Fuß neben den rechten Fuß stellen
29	5	mit dem rechten Fuß einen Schritt vorwärts setzen
30	6	Gewicht wieder nach hinten auf den linken Fuß verlagern
31	7	auf dem linken Ballen 1/2 Drehung nach rechts ausführen und mit dem rechten Fuß einen Schritt vorwärts setzen
32	8	auf dem rechten Ballen 1/2 Drehung nach rechts ausführen und mit dem linken Fuß einen Schritt rückwärts setzen

COMPLETE ROLLING VINE BACK/
PIVOT TURN / RUNNING MAN

33	1	auf dem linken Ballen 1/2 Drehung nach rechts ausführen und mit dem rechten Fuß einen Schritt vorwärts setzen
34	2	mit dem linken Fuß einen Schritt vorwärts setzen
35	3	mit dem rechten Fuß einen Schritt vorwärts setzen
36	4	auf dem Ballen des rechten Fußes 1/2 Drehung nach links ausführen, Gewicht auf den linken Fuß verlagern
37	5	mit dem rechten Fuß vorwärts stampfen
&	&	auf dem rechten Fuß etwas rückwärts über den Boden rutschen und das linke Knie hochziehen
38	6	mit dem linken Fuß vorwärts stampfen
&	&	auf dem linken Fuß etwas rückwärts über den Boden rutschen und das rechte Knie hochziehen
39&	7&	37& (5&) wiederholen
40&	8&	38& (6&) wiederholen

BREAK PATTERN / STOMP / SNAKE / BODY ROLL

41	1	mit dem rechten Fuß vorwärts und diagonal nach rechts stampfen dabei die Arme etwas kreuzen und nach außen in Hüfthöhe bringen (Der Körper ist nun leicht links gerichtet.)
42-44	2-4	Position halten
45,46	5,6	einen Body Roll nach rechts ausführen
47,48	7,8	einen Body Roll rückwärts ausführen (mit 1/8 Drehung nach rechts, so daß der Körper wieder nach vorn gerichtet ist, Gewicht links)

Nach dem 7. Durchgang ist eine Unterbrechung in der Musik.
Die Counts 41-44 (1-4) werden dann 2x wiederholt, erst mit dem linken Fuß, dann mit dem rechten Fuß.
Anschließend wie gewohnt mit Count 45 (5) weitertanzen.

41-44

97

DEJA VU

Description :   4-Wall Line Dance, 32 Counts
Level :   Intermediate
Music :   West Coast Swing, z.B.:
          "Somebody`s Leavin`" By Patricia Conroy
          "For A Change" By Neal McCoy
          "Love Thing" By Dan Seals
          Deja Blue" By Billy Ray Cyrus
Choreographer : **VICKIE VANCE-JOHNSON**

WALK FORWARD / OUT-OUT / IN-CROSS / TOE TOUCHES / FULL TURN RIGHT

1	1	mit dem rechten Fuß einen Schritt vorwärts setzen
2	2	mit dem linken Fuß einen Schritt vorwärts setzen
&	&	mit dem rechten Fuß einen kleinen Schritt zur rechten Seite setzen
3	3	mit dem linken Fuß einen kleinen Schritt zur linken Seite setzen (beide Füße stehen nun schulterbreit auseinander)
&	&	rechten Fuß (Ballen) wieder zurück nach innen setzen
4	4	linkes Bein vor dem rechten Bein kreuzen und den Fuß absetzen
5	5	rechtes Bein nach vorn ausstrecken und mit der rechten Fußspitze vorn auf den Boden tippen
6	6	rechtes Bein hinter dem linken Bein kreuzen und den rechten Ballen absetzen
7,8	7,8	eine ganze Drehung nach rechts ausführen (Nach der Drehung ist das Gewicht links und das rechte Bein kreuzt vor dem linken, rechte Fußspitze berührt den Boden.)

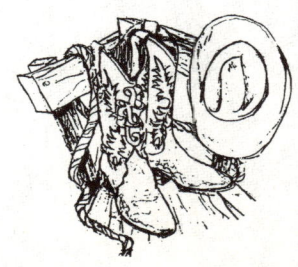

CHASSE RIGHT / ROCK STEP /
CHASSE LEFT / ROCK STEP

9	1	mit dem rechten Fuß einen Schritt zur rechten Seite setzen
&	&	linken Fuß neben den rechten Fuß setzen
10	2	mit dem rechten Fuß einen Schritt zur rechten Seite setzen
11	3	linkes Bein vor dem rechten Bein kreuzen und den Fuß absetzen (Gewicht links)
12	4	Gewicht wieder auf den rechten Fuß verlagern
13	5	mit dem linken Fuß einen Schritt zur linken Seite setzen
&	&	rechten Fuß neben den linken Fuß setzen
14	6	mit dem linken Fuß einen Schritt zur linken Seite setzen
15	7	rechtes Bein vor dem linken Bein kreuzen und den Fuß absetzen (Gewicht rechts)
16	8	Gewicht wieder auf den linken Fuß verlagern

1/2 TURN RIGHT (2x1/4 TURN) CROSS /
FULL TURN LEFT / KICK BALL CHANGE

17	1	auf dem linken Ballen 1/4 Drehung nach rechts ausführen und mit dem rechten Fuß einen Schritt vorwärts setzen
18	2	auf dem rechten Ballen 1/4 Drehung nach rechts ausführen und mit dem linken Fuß einen Schritt zur linken Seite setzen
19	3	rechtes Bein hinter dem linken Bein kreuzen und den rechten Fuß absetzen
20	4	1/4 Drehung nach links ausführen und mit dem linken Fuß einen Schritt vorwärts setzen (Beginn der ganzen Drehung)
21	5	auf dem linken Ballen 1/4 Drehung nach links ausführen und den rechten Fuß zur rechten Seite setzen
22	6	auf dem rechten Ballen 1/2 Drehung nach links ausführen und mit dem linken Fuß einen Schritt zur linken Seite setzen
23	7	mit dem rechten Fuß vorwärts kicken
&	&	rechten Ballen etwas nach hinten setzen (Gewicht rechts), linken Fuß etwas anheben
24	8	mit dem linken Fuß einen Schritt am Platz setzen

**STOMP RIGHT / TOE IN-OUT-IN /
STOMP LEFT / TOE IN-OUT-IN**

25	1	mit dem rechten Fuß vorwärts stampfen,
		so daß die rechte Fußspitze nach innen zeigt (Gewicht bleibt links)
26	2	rechte Fußspitze nach außen drehen (Hacken bleibt am Platz)
27	3	rechte Fußspitze nach innen drehen
28	4	rechte Fußspitze zur Mitte drehen
		und das Gewicht auf den rechten Fuß verlagern
29	5	mit dem linken Fuß vorwärts stampfen,
		so daß die linke Fußspitze nach innen zeigt (Gewicht bleibt rechts)
30	6	linke Fußspitze nach außen drehen (Hacken bleibt am Platz)
31	7	linke Fußspitze nach innen drehen
32	8	linke Fußspitze zur Mitte drehen
		und das Gewicht auf den linken Fuß verlagern

**Hier tanzen auch Farmer in Latzhosen und Gummistiefeln!
Broken Spoke - der älteste Honky Tonk der USA in Austin, Texas.**

Texas Size Danceboots

LET'S DANCE!

Description :	2-Wall Line Dance; 32 Counts
Level :	Intermediate
Music :	"How Do I Live" (Mr. Mig Mix) By LeAnn Rimes
	CD: Line Dance Fever 6

Choreographer : **SUSANNE SCHALEWA / GERT WOLLSCHLÄGER**

Auf die Idee zu diesem Lied einen Tanz zu choreographieren, brachte uns Gundolf, der Barkeeper aus dem Western Saloon. Er fand, dieses fetzige Lied braucht unbedingt einen fetzigen Tanz mit Armbewegungen. So Gundolf, wir hoffen, der Tanz gefällt Dir!

WALK FORWARD / SIDE / TOGETHER / MONTEREY TURN (WITH ARM MOVEMENTS)

1	1	mit dem rechten Fuß einen Schritt vorwärts setzen und linken Arm nach oben strecken, rechten Arm zur rechten Seite strecken (Hände sind zu Fäusten geballt)
&	&	beide Arme anwinkeln, so daß sich beide Fäuste vor der Brust befinden (Ellenbogen zeigen zu den Seiten)
2	2	mit dem linken Fuß einen Schritt vorwärts setzen und linken Arm zur linken Seite strecken, rechten Arm nach vorn strecken
3	3	mit dem rechten Fuß einen Schritt zur rechten Seite setzen und beide Arme anwinkeln, daß sich beide Fäuste vor der Brust befinden (Ellenbogen zeigen zu den Seiten)
4	4	linken Fuß neben den rechten Fuß setzen, Ellenbogen nach unten bewegen und mit den Fingern beider Hände vor der Brust schnipsen
5	5	rechtes Bein zur rechten Seite ausstrecken und mit der Fußspitze auf den Boden tippen, rechten Arm nach vorn strecken, linken Arm zur linken Seite strecken (Hände sind wieder zu Fäusten geballt)
6	6	1/2 Drehung auf dem linken Ballen nach rechts ausführen, rechten Fuß an den linken Fuß heranziehen und neben dem linken Fuß absetzen, während der Drehung Arme anwinkeln, so daß sich beide Fäuste vor der Brust befinden (Ellenbogen zeigen zu den Seiten)

| 7 | 7 | linkes Bein zur linken Seite ausstrecken und mit der Fußspitze auf den Boden tippen, linken Arm nach vorn strecken, rechten Arm zur rechten Seite strecken |
| 8 | 8 | linken Fuß neben den rechten Fuß setzen und Arme anwinkeln, so daß sich beide Fäuste vor der Brust befinden |

WALK FORWARD / SIDE / TOGETHER / MONTEREY TURN (WITH ARM MOVEMENTS)

| 9-16 | 1-8 | 1-8 (siehe oben) wiederholen |

1 2 3 4

5 6 7 8

SYNCOPATED SIDE STEPS

17	1	Körper leicht nach rechts drehen, Ellenbogen nach unten bewegen, mit dem rechten Fuß einen Schritt zur rechten Seite setzen
18	2	Fußposition halten und mit den Fingern beider Hände schnipsen
&	&	linken Fuß neben den rechten Fuß setzen
19	3	mit dem rechten Fuß einen Schritt zur rechten Seite setzen
20	4	mit dem linken Ballen neben dem rechten Fuß auf den Boden tippen
21	5	Körper leicht nach links drehen und mit dem linken Fuß einen Schritt zur linken Seite setzen
22	6	Fußposition halten und mit den Fingern beider Hände schnipsen
&	&	rechten Fuß neben den linken Fuß setzen
23	7	mit dem linken Fuß einen Schritt zur linken Seite setzen
24	8	rechten Fuß neben den linken Fuß setzen

TWIST / 1/4 TURN RIGHT / KICK BALL CHANGE WITH 1/4 TURN LEFT / STEP FORWARD / 1/2 TURN LEFT / KICK BALL CHANGE

25	1	auf beiden Ballen Hacken nach rechts drehen, dabei die Knie beugen (Knie zeigen diagonal nach links)
26	2	auf beiden Ballen 1/4 Drehung nach rechts ausführen
27	3	mit dem rechten Fuß vorwärts kicken
&	&	rechten Ballen etwas nach hinten absetzen und 1/4 Drehung nach links ausführen (linken Fuß etwas anheben)
28	4	linken Fuß am Platz absetzen und Gewicht auf den linken Fuß verlagern
29	5	mit dem rechten Fuß einen Schritt vorwärts setzen
30	6	1/2 Drehung nach links ausführen, Gewicht auf den linken Fuß verlagern
31	7	mit dem rechten Fuß vorwärts kicken
&	&	rechten Ballen etwas nach hinten absetzen (Gewicht rechts)
32	8	Gewicht auf den linken Fuß verlagern

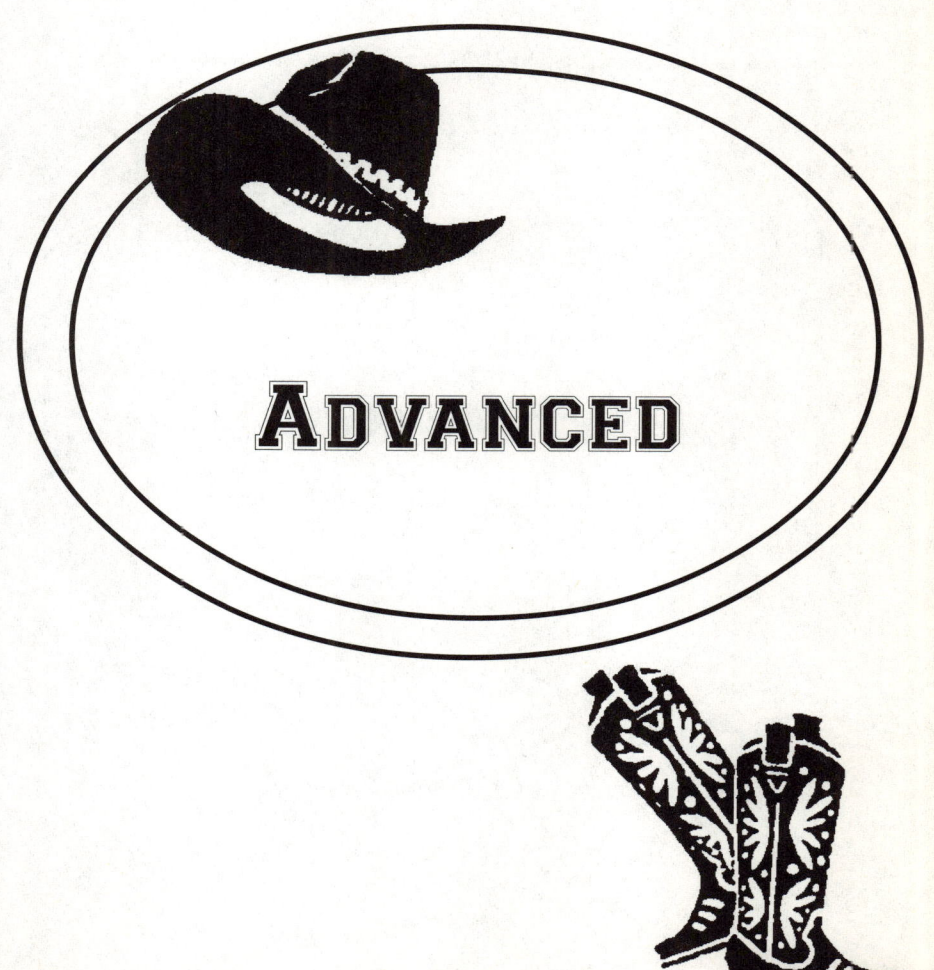

ADVANCED

GO ON !

Description :	2-Wall Line Dance, 76 Counts
Level :	Advanced
Music :	"Go On" By Delbert McClinton
	"Cat Walk" By Lee Roy Parnell
	"Be My Lover" By La Bouche
Choreographer :	**A.T. KINSON**

TWISTING JAZZ BOX (2x)

Die folgenden Schritte werden auf den Ballen ausgeführt,
die Knie sind leicht gebeugt.

1	1	auf dem rechten Ballen etwas nach rechts twisten (Körper etwas nach rechts drehen) und das linke Bein vor dem rechten Bein kreuzen und den Ballen absetzen
2	2	auf dem linken Ballen etwas nach links twisten und mit dem rechten Ballen einen Schritt rückwärts setzen
3	3	auf dem rechten Ballen etwas nach rechts twisten und mit dem linken Ballen einen Schritt zur linken Seite setzen
4	4	auf dem linken Ballen etwas nach links twisten und mit dem rechten Ballen einen Schritt vorwärts setzen
5-8	5-8	1-4 wiederholen

"Let's go dancing!"

12 COUNT REPEATER:
2 KICKS LEFT / SAILOR SHUFFLE / 2 KICKS RIGHT / SAILOR SHUFFLE / 1/2 TURN RIGHT

9	1	mit dem linken Fuß vor dem rechten Bein kicken
10	2	mit dem linken Fuß zur linken Seite kicken
11	3	linkes Bein hinter dem rechten Bein kreuzen und den Fuß (Ballen) absetzen
&	&	mit dem rechten Fuß (Ballen) einen Schritt zur rechten Seite setzen
12	4	mit dem linken Fuß einen Schritt zur linken Seite setzen
13	5	mit dem rechten Fuß vor dem linken Bein kicken
14	6	mit dem rechten Fuß zur rechten Seite kicken
15	7	rechtes Bein hinter dem linken Bein kreuzen und den Fuß (Ballen) absetzen
&	&	mit dem linken Fuß (Ballen) einen Schritt zur linken Seite setzen
16	8	mit dem rechten Fuß einen Schritt zur rechten Seite setzen
17	9	linkes Bein vor dem rechten Bein kreuzen und den Ballen absetzen
18	10	Position halten
19	11	1/2 Drehung nach rechts ausführen
20	12	Gewicht auf den rechten Fuß verlagern

1/2 TURNS

21	1	mit dem linken Fuß einen Schritt vorwärts setzen
22	2	1/2 Drehung nach rechts ausführen und das Gewicht auf den rechten Fuß verlagern
23	3	mit dem linken Fuß einen Schritt vorwärts setzen
24	4	1/2 Drehung nach rechts ausführen und das Gewicht auf den rechten Fuß verlagern
25-28	5-8	21-24 (1-4) wiederholen

12 COUNT REPEATER

29-40	1-12	12 Count Repeater (siehe oben) wiederholen

SYNCOPATED KICKS & HEEL TAPS

41	1	mit dem linken Fuß einen flachen Kick vorwärts ausführen
&	&	linken Fuß neben den rechten Fuß stellen
42	2	mit dem rechten Fuß einen flachen Kick vorwärts ausführen
&	&	rechten Fuß neben den linken Fuß stellen
43	3	mit dem linken Fuß einen flachen Kick vorwärts ausführen
&	&	linken Fuß neben den rechten Fuß stellen
44	4	mit dem rechten Fuß einen flachen Kick vorwärts ausführen
&	&	rechten Fuß neben den linken Fuß stellen
45	5	Knie zusammenhalten, linkes Bein beugen
		und den linken Fuß nach außen zur linken Seite anheben
46	6	mit dem linken Hacken vorn auf den Boden tippen
47,48	7,8	45,46 (5,6) wiederholen

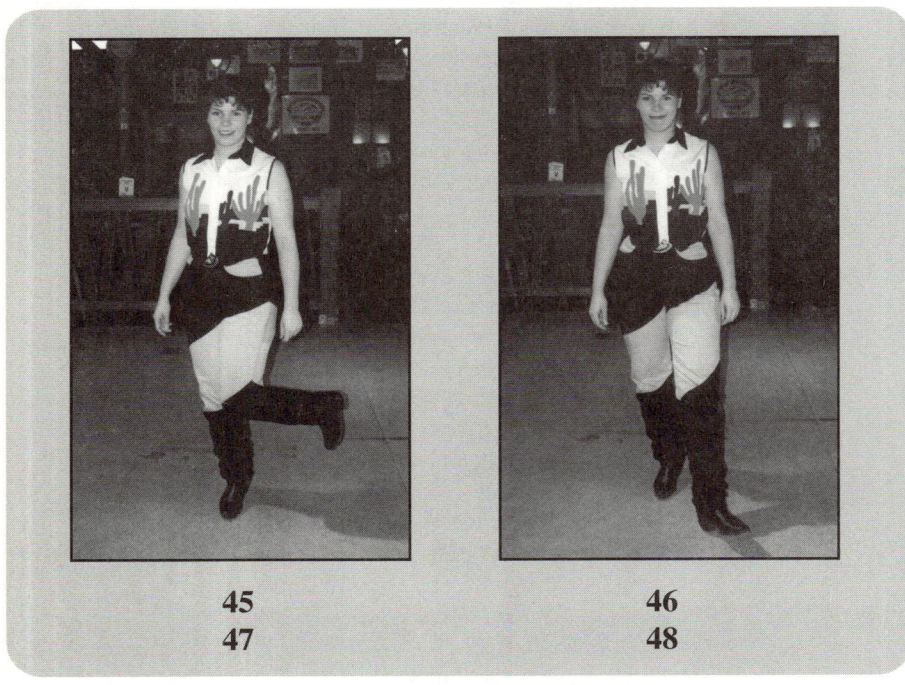

45
47

46
48

12 COUNT REPEATER

49-60	1-12	12 Count Repeater (siehe Seite 107) wiederholen

108

THE SLIDE

61	1	mit dem linken Fuß einen kleinen Schritt vorwärts setzen
&	&	beide Knie leicht beugen
62	2	mit dem rechten Fuß einen großen Schritt rückwärts setzen
63	3	die linke Fußspitze auf dem Boden entlang in Richtung des rechten Fußes ziehen
64	4	linken Fuß neben den rechten Fuß stellen
65	5	mit dem rechten Fuß einen flachen Kick vorwärts ausführen
&	&	rechten Fuß neben den linken Fuß stellen
66	6	mit dem linken Fuß einen flachen Kick vorwärts ausführen
&	&	linken Fuß neben den rechten Fuß stellen
67	7	rechtes Bein hinter dem linken Bein kreuzen und mit der rechten Fußspitze auf den Boden tippen
&	&	rechten Fuß neben den linken Fuß stellen
68	8	mit dem linken Hacken vorn auf den Boden tippen

12 COUNT REPEATER

| 69-80 | 1-12 | 12 Count Repeater (siehe Seite 107) wiederholen |

Dieser Tanz kann nun wieder mit der Twisting Jazz Box beginnen oder aber mit den folgenden Schritten fortgesetzt werden:

CROSS WALKS & RONDÉ BACK
(PRONOUNCED RON-DAY)

81	1	linkes Bein vor dem rechten Bein kreuzen und den Fuß absetzen
82	2	rechtes Bein vor dem linken Bein kreuzen und den Fuß absetzen
83	3	linkes Bein vor dem rechten Bein kreuzen und den Fuß absetzen
84	4	mit dem rechten Fuß einen Schritt rückwärts setzen und zur gleichen Zeit mit der linken Fußspitze von vorn nach hinten auf dem Boden einen Halbkreis ziehen
85	5	mit dem linken Fuß einen Schritt rückwärts setzen und zur gleichen Zeit mit der rechten Fußspitze von vorn nach hinten auf dem Boden einen Halbkreis ziehen
86	6	rechtes Bein hinter dem linken Bein kreuzen und den rechten Ballen absetzen (Oberschenkel sind eng zusammen)
87	7	eine ganze Drehung nach rechts ausführen, am Ende steht der rechte Fuß vorn
88	8	Gewicht auf den rechten Fuß verlagern

109

12 COUNT REPEATER

89-100	1-12	12 Count Repeater (siehe Seite 107) wiederholen

SIDE BREAKS AND HEEL LIFT

101	1	mit dem linken Fuß einen Schritt zur linken Seite setzen, Gewicht auf den linken Fuß verlagern und Hüfte nach links bewegen
&	&	Gewicht auf den rechten Fuß verlagern
102	2	linken Fuß neben den rechten Fuß stellen
103	3	mit dem rechten Fuß einen Schritt zur rechten Seite setzen, Gewicht auf den rechten Fuß verlagern und Hüfte nach rechts schwingen
&	&	Gewicht auf den linken Fuß verlagern
104	4	rechten Fuß neben den linken Fuß setzen
105	5	mit dem linken Fuß einen Schritt vorwärts setzen
106	6	rechten Fuß neben den linken Fuß stellen
&	&	das Gewicht auf die Ballen beider Füße verlagern und beide Hacken zur linken Seite anheben
107	7	Hacken wieder zurück drehen und in Ausgangsposition absetzen
108	8	mit dem rechten Fuß einen Schritt rückwärts setzen

12 COUNT REPEATER

109-120	1-12	12 Count Repeater (siehe Seite 107) wiederholen

THE MAXIXE (PRONOUNCED MUSHEESE)

121	1	linkes Bein vor dem rechten Bein kreuzen und mit dem Hacken auf den Boden tippen
122	2	mit dem linken Hacken vorwärts und diagonal nach links auf den Boden tippen
123	3	linkes Bein vor dem rechten Bein kreuzen und mit dem Hacken auf den Boden tippen
124	4	mit dem linken Fuß einen Schritt zur linken Seite setzen
125	5	mit dem rechten Fuß einen flachen Kick vorwärts ausführen
&	&	1/4 Drehung nach rechts ausführen und mit dem rechten Fuß an den linken Fuß setzen
126	6	linkes Bein zur linken Seite ausstrecken und mit der Fußspitze auf den Boden tippen

110

127	7	linkes Bein vor dem rechten Bein kreuzen und den Fuß absetzen
128	8	1/4 Drehung auf dem linken Ballen nach links ausführen und
		das rechte Bein vor dem linken Bein kreuzen und den Fuß absetzen

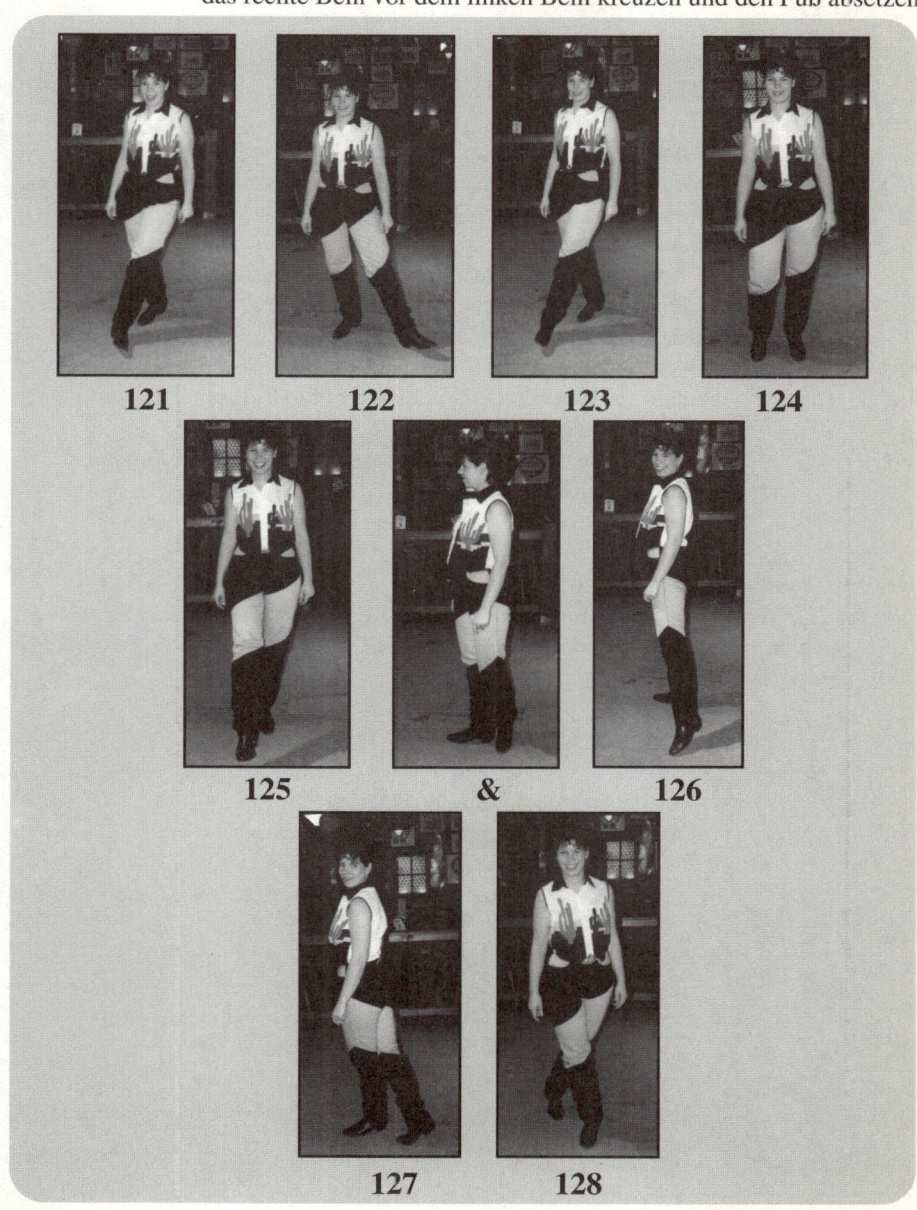

121 122 123 124

125 & 126

127 128

12 COUNT REPEATER

129-140	1-8	12 Count Repeater (siehe Seite 107) wiederholen

OUT / OUT / IN / IN / & KNEE LIFTS

&	&	mit dem linken Fuß einen kleinen Schritt zur linken Seite setzen
141	1	mit dem rechten Fuß einen kleinen Schritt zur rechten Seite setzen
&	&	linken Fuß zurück zur Mitte setzen
142	2	rechten Fuß neben den linken Fuß setzen
&	&	mit dem linken Fuß einen kleinen Schritt zur linken Seite setzen
143	3	mit dem rechten Fuß einen kleinen Schritt zur rechten Seite setzen
&	&	linken Fuß zurück zur Mitte setzen
144	4	rechten Fuß neben den linken Fuß setzen
145	5	linkes Knie anheben und auf dem rechten Ballen 1/2 Drehung nach rechts ausführen
146	6	linkes Bein zur linken Seite ausstrecken und mit der Fußspitze auf den Boden tippen
147,148	7,8	145,146 (5,6) wiederholen

Der Tanz beginnt von vorn!
Für alle "Go On!"-Fans eine gute Nachricht: Der Tanz geht weiter! A.T. berichtete uns bei seinem Berlin-Aufenthalt in diesem Jahr, daß er die nächsten Schritte schon choreographiert hat. Wir sind gespannt!

THIS TIME

Description :	4-Wall Line Dance, 32 Counts	
Level :	Advanced	
Music :	"This Time" By Sawyer Brown	
Choreographer :	**MALEAH GREEN**	

STEP / TOUCH / HEEL SPIN / STEP / TOUCH / HEEL-TOE DROP / STOMP RIGHT, LEFT / "DAFFY" RIGHT

1	1	mit dem rechten Fuß einen Schritt rückwärts setzen
2	2	mit dem linken Hacken vorn auf den Boden tippen
3	3	mit dem linken Hacken einen Schritt setzen (Gewicht auf den Hacken verlagern)
&	&	auf dem linken Hacken 1/2 Drehung nach links ausführen (rechten Fuß nach hinten anheben)
4	4	mit dem rechten Fuß einen Schritt rückwärts setzen
5	5	mit dem linken Hacken vorn auf den Boden tippen
6	6	mit dem linken Hacken einen Schritt setzen (Gewicht auf den Hacken verlagern)
&	&	linke Fußspitze senken
7	7	mit dem rechten Fuß neben dem linken Fuß stampfen
&	&	mit dem linken Fuß neben dem rechten Fuß stampfen
8	8	mit dem Gewicht auf dem rechten Hacken und dem linken Ballen: rechte Fußspitze nach rechts drehen und linken Hacken gleichzeitig nach rechts drehen (Applejack)
&	&	Fußspitze und Hacken wieder zurück zur Mitte drehen

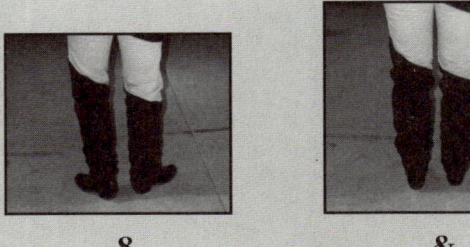

8   &

"DAFFY" LEFT / HEEL-TOE-HEEL SPLITS MOVING RIGHT / STOMP / TOUCH / KICK / STEP / HIP BUMPS / TURNING VINE WITH TOUCH

9	1	mit dem Gewicht auf dem linken Hacken und dem rechten Ballen: linke Fußspitze nach links drehen und gleichzeitig rechten Hacken nach links drehen (Applejack)
&	&	Fußspitze und Hacken wieder zurück zur Mitte drehen
10	2	mit dem Gewicht auf beiden Ballen Hacken nach außen drehen
&	&	mit dem Gewicht auf dem rechten Hacken und dem linken Ballen: rechte Fußspitze nach rechts drehen und linken Hacken nach rechts drehen (beide Fußspitzen zeigen nach außen, die Hacken nach innen)
11	3	mit dem Gewicht auf dem linken Hacken und dem rechten Ballen: linke Fußspitze nach rechts drehen und rechten Hacken nach rechts drehen (beide Fußspitzen zeigen nach innen, Hacken nach außen)
&	&	rechten Fuß wieder gerade ausrichten und linken Fuß etwas anheben
12	4	mit dem linken Fuß neben dem rechten Fuß stampfen
&	&	mit dem rechten Ballen neben dem linken Fuß auf den Boden tippen
13	5	1/4 Drehung auf dem linken Ballen nach links ausführen und mit dem rechten Fuß vorwärts und diagonal nach rechts kicken
&	&	rechten Fuß neben den linken Fuß stellen
14	6	Hüfte nach rechts bewegen
&	&	Hüfte nach rechts bewegen
15	7	mit dem linken Fuß einen Schritt zur linken Seite setzen
&	&	rechtes Bein hinter dem linken Bein kreuzen und den Fuß absetzen
16	8	1/4 Drehung auf dem rechten Ballen nach links ausführen und mit dem linken Fuß einen Schritt vorwärts setzen
&	&	mit dem rechten Ballen neben dem linken Fuß auf den Boden tippen

115

HOP TO RIGHT (2x) / RAISE HEELS, TOES / JUMP / CROSS / UNWIND 1/2 / REPEAT JUMP / CROSS / UNWIND

17	1	auf beiden Füßen nach rechts springen
18	2	auf beiden Füßen nach rechts springen
19	3	beide Hacken anheben
&	&	beide Hacken senken
20	4	beide Fußspitzen anheben
&	&	beide Fußspitze senken
21	5	am Platz springen und mit den Füßen in leichtem Abstand zueinander landen
&	&	am Platz springen und so landen, daß das rechte Bein vor dem linken Bein gekreuzt ist und der rechte Ballen abgesetzt wird
22	6	1/2 Drehung nach links ausführen
23	7	am Platz springen und mit den Füßen in leichtem Abstand zueinander landen
&	&	am Platz springen und so landen, daß das linke Bein vor dem rechten Bein gekreuzt ist und der linke Ballen abgesetzt wird
24	8	1/2 Drehung nach rechts ausführen

JUMP FORWARD / (2x) / SIDE STEP / RAISE HEELS ALTERNATELY / KICK / SIDE STEP / RAISE HEELS ALERNATELY / 1/4 TURN WITH KICK / FULL TURNING VINE WITH TOUCH

25	1	mit beiden Füßen vorwärts springen
&	&	mit beiden Füßen vorwärts springen
26	2	mit dem linken Fuß einen Schritt zur linken Seite setzen und rechten Hacken anheben
&	&	linken Hacken anheben und rechten Hacken senken
27	3	rechten Hacken anheben und linken Hacken senken
&	&	mit dem rechten Fuß vorwärts und diagonal nach rechts kicken
28	4	mit dem rechten Fuß einen Schritt zur rechten Seite setzen und den linken Hacken anheben
&	&	rechten Hacken anheben und linken Hacken senken
29	5	linken Hacken anheben und den rechten Hacken senken
&	&	1/4 Drehung auf dem rechten Ballen nach links ausführen
30	6	mit dem linken Fuß vorwärts kicken
&	&	auf dem rechten Ballen 1/4 Drehung nach rechts ausführen und mit dem linken Fuß (Ballen) einen Schritt vorwärts setzen

31	7	auf dem linken Ballen 1/2 nach links ausführen
		und mit dem rechten Fuß (Ballen) einen Schritt rückwärts setzen
&	&	auf dem rechten Ballen 1/4 Drehung nach links ausführen
		und mit dem linken Fuß einen Schritt zur linken Seite setzen
32	8	mit dem rechten Ballen neben dem linken Fuß auf den Boden tippen

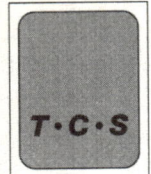

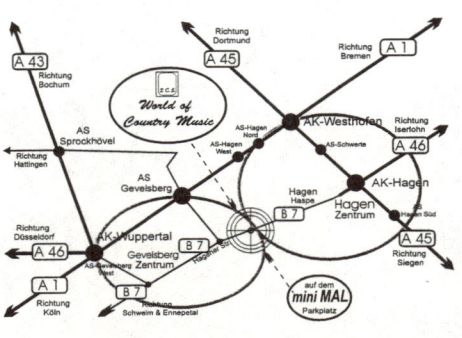

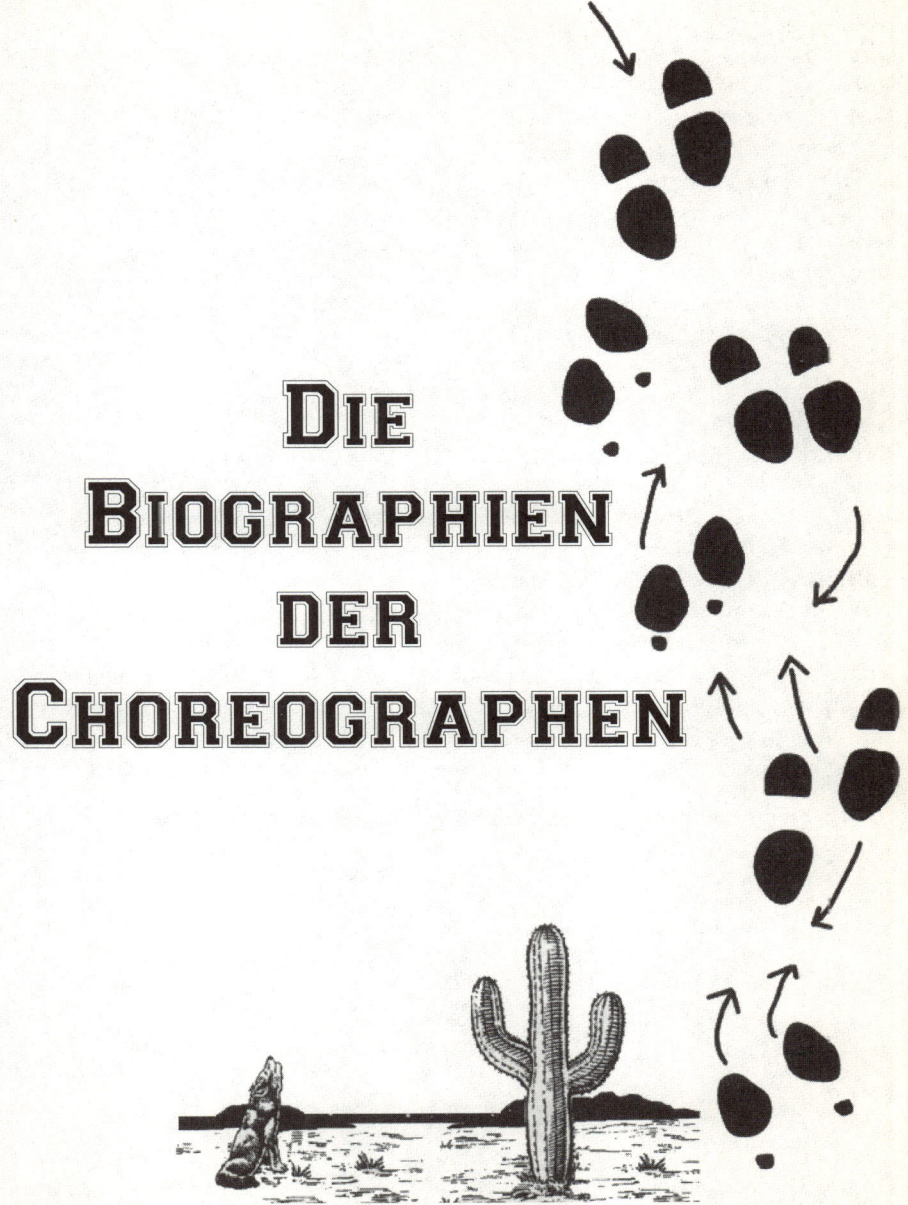

DIE BIOGRAPHIEN DER CHOREOGRAPHEN

TEREE DESARRO

Aufgewachsen ist Teree in Hermosa Beach, California.

Ihre Eltern waren beim Theater beschäftigt. Dadurch früh mit dem Rampenlicht in Berührung gekommen, war abzusehen, daß sie Theaterkunst und Tanz studieren würde. Im Rahmen ihrer Ausbildung bei CBS arbeitete sie u. a. mit Komikerstar Jerry Lewis zusammen. Durch die Zusammenarbeit mit Jim Arness, dem auch bei uns bekannten Marshall Matt Dillon, kam die Liebe zur Country und Western Szenerie.

Disco Dance stand lange Zeit an erster Stelle, zumindest bis sie ihren ersten Line Dance bei Denny Hengen lernte. Fünf bis sechs Mal in der Woche „mußte" sie nun Anfang der 90er Jahre Line Dance üben.Teree wurde Mitglied der Wild, Wild West Dancers. Sie choreographierte zahlreiche Auftrittsroutines für dieses Team und ca. 20 Line Dances. Alle Tänze von Teree wurden in den bekannten Linedance-Magazinen der USA veröffentlicht.

Hauptmotto ist natürlich"HaveFun", so auch bei ihrem ältesten Tanzkursteilnehmer (93 Jahre!!!) und bei den zahlreichen Workshops für Kinder. Terees Sohn hat auch mit dem Tanzen begonnen. Zitat: „Yeah! Finally, a man in my life who can dance."

Teree DeSarro
360-33rd Street
Hermosa Beach
CA 90254
USA
Tel.: (001) (310) 374 3910

eMail: Tdesarro@aol.com

Internet: http://ourworld.compuserve.com/homepages/jgothard/teree.htm

BARRY DURAND

Der immer zu einem Spaß aufgelegte Barry aus Washington ist gerade bei uns hier in Deutschland außerordentlich populär, ist er doch Stammgast und Preisrichter auf den Deutschen Meisterschaften.

1976 nahm Barry seine ersten Tanzstunden im Country Western Tanz in einer Country Bar. Der Grund dafür war ganz einfach: Er wollte lediglich nette Mädels kennenlernen!

Das Tanzfieber packte ihn sofort und er lernte zusätzlich Steppen, Discotanz, Jazzdance und Ballett. Der nächste Schritt, das Lehren unterschiedlicher Tanzformen, folgte sehr schnell.

Heute ist Barry ein gefragter Preisrichter, Betreuer, Trainer und Workshopleiter für Line- und Coupledance. Auch für Teamvorbereitungen kann er gebucht werden.

Sein eigener Saloon und Tanzstudio ist das „Junction" in Washington DC.

Erster offizieller UCWDC-Weltmeister und oftmaliger US-Open National Swing Champion sind als herausragende Titel anzuführen.

Barry ist zusätzlich in der Preisrichterausbildung der UCWDC tätig und das jüngste Mitglied der Country Western Dance Hall of Fame (Dave Getty, Mike Haley, Jeff Bartholomew).

Barry leitete zahlreiche Workshops in Deutschland, auch mehrfach in Berlin, z. B. auf der Country Music Messe.

Barry Durand
P.O. Box 8886
Gaithersburg
MD 20898
USA
Tel.: (011) (301) 417 0679

eMail: Swing97@aol.com

MALEAH GREEN

Maleah ist gerade mal 19 Jahre alt und studiert im ersten Jahr „Radio and TV Broadcasting". Nebenbei arbeitet sie beim Radiosender K102 in Eden Prairie, MN. Seit sechs Jahren tanzt Maleah und gibt Unterricht im Line Dance in zahlreichen Schulen, Saloons und Tanzstudios in Minneapolis und St. Paul.
Den Tanz „This Time" choreographierte sie als 15-jährige.

Maleah Green

9935 Friar Drive
Eden Prairie
MN 55347
USA
Tel.: (001) (612) 941 1634

eMail: Mlgreen618@aol.com

JÖRG HAMMER

Jörgs Interesse für Country Music wurde bei einem seiner USA – Aufenthalte geweckt. 1993 wurde durch einen Besuch auf einem deutsch – amerikanischen Volksfest seine Aufmerksamkeit auf das Country & Western Tanzen gelenkt. Im Sommer des gleichen Jahres nahm er dann das erste Mal an einem Tanzunterricht in einem deutschen Klub teil und lernte seinen ersten Line Dance. Im Herbst kam er in den amerikanischen Clubs im Rhein/ Neckar – Gebiet mehr mit Country & Western Tanz in Berührung.

Im April 1994 startete er zum ersten Mal in einem offiziellen Country Western Tanzturnier in Holland. Und gewann dort den Two Step in Division 4. Seitdem nahm Jörg an diversen Turnieren in 9 Ländern teil. Er kann unter anderem die Titel internationaler deutscher, belgischer und holländischer Meister, als auch Europameister 1997 und 1998 verbuchen. Im Januar diesen Jahres tanzte er in dem Pro/Am Turnier auf den Worlds Championships mit Vickie Vance-Johnson und belegte den 4. Platz in der Gesamtwertung in Classic Intermediate.

Im Juni 1996 wurde er zum Vorsitzenden der German Country Western Dance Association e. V. (GCWDA) gewählt und arbeitete ein Jahr in dieser Position.

Er unterrichtet regelmäßig in dem Raum Mannheim/ Heidelberg und ist fast jedes Jahr auf fast allen Turnieren in Europa und einigen Turnieren in den USA als Teilnehmer oder Preisrichter zu finden.

Seine Fähigkeiten verbessert er ständig durch seine Teilnahme an dem „Accreditation Program" der NTA und dem Judgetraining der UCWDC.

Seine Funktion als Event Director der German Country Western Dance Championships ist bis jetzt seine größte Aufgabe.

Jörg Hammer

American Dance Productions
Friedrichstr. 27, 67112 Mutterstadt, Germany
Tel.: (49) (0) 6234 / 928555, Fax: (49) (0) 6234/ 928556, Mobil: (49) (0)172 / 6203473
eMail Privat: jhammer978 aol.com, eMail Competition:gcwdc aol.com
Homepage: http://members.aol.com/gcwdc/index.html

123

KATHRYN F. HUNYADI

Durch ihre nun zweijährige Arbeit als Projektmanagerin für die Zeitschrift „Cowboy Beat" hat Kathy die direkte Verbindung zur Country Music Scene. Seit zwei Jahren gibt sie auch Tanzunterricht. Die von ihr zahlreich choreographierten Tänze wurden in unterschiedlichen Zeitschriften publiziert. (z. B. „Step By Step", „CDL").

In ihrer Funktion als Managerin, Agentin und Assistentin von Max Perry bereiste sie die USA, Kanada, Australien und Europa.

Außerdem fungierte sie als Workshopleiterin und Preisrichterin auf zahlreichen Veranstaltungen in den USA.

Auch beim Video „Get Hot Or Go Home" von Rick Tippe arbeitete Kathryn als Produktionsassistentin mit.

Über ihre Arbeit mit Max Perry und Scooter Lee zu schreiben würde den Rahmen einer Kurzbiographie sprengen. Ihr Hauptanliegen ist, daß Country Music die Leute vereinigt und zum Tanzen bewegt.

Kathryn F. Hunyadi

Tel.: (001) (203) 7444552

eMail: danceordie@compuserve.com

KEVIN JOHNSON
UND VICKIE VANCE-JOHNSON

Kevin und Vickie sind siebenfache Division I Grand Champions und tanzten als Masters Competitors. 1998 wurden sie auf dem Worlds VI Star Awards Ball als Tanzlehrer des Jahres ausgezeichnet.
Kevin & Vickie sind Event Directors der „Music City Dance Challenge". Dieser Wettbewerb wird jährlich in Nashville, TN am Labor Day Wochenende abgehalten. Beide sind geprüfte Preisrichter der UCWDC.
Kevin und Vickie choreographieren, trainieren und betreuen Wettbewerbstänzer aus der ganzen Welt in jedem Level. Sie arbeiten auch mit Plattenfirmen in Nashville zusammen, für die sie zahlreiche Line Dances choreographieren. Mit dem „Cowboy Hip Hop" erreichten sie den Titel „Line Dance des Jahres".
Im eigenen Headquarters Dance Studio in Franklin, TN, entsteht auch ihre eigene Tanzvideoserie.
Alljährlich können die beiden bei Workshops und im Showteil der deutschen Meisterschaften in Kleinostheim bewundert werden.

Headquarters Dance Studio
1560 Lewisburg Pike
Franklin, Tennessee 37064
USA
Tel.: (001) (615) 790 9112

eMail: MCCDCKevin@aol.com

A.T. KINSON

Geboren und aufgewachsen in Texas, begann er schon sehr früh mit Volkstanz, Ballett und Jazzdance. Er lernte bei den Top Ballroom Tänzern der USA und mehreren Weltmeistern, so daß er mittlerweile auf eine 15-jährige Erfahrung im Ballroom Dancing zurückgreifen kann. Country & Western Dance begeisterte ihn natürlich auch und in den vergangenen 6 Jahren arbeitete er kontinuierlich in der UCWDC mit.

A.T. ist geprüfter UCWDC Certified Journeyman Judge (Preisrichter).

A.T. Kinson ist ein gesuchter Betreuer, Choreograph und Trainer von Solotänzern und Paaren sowie Teams. Die Spezialitäten von ihm sind Walzer und Cha Cha. Die Line Dances „Rockin` Pneumonia" (zusammen mit Jo Thompson) und „Go On!" entstammen seiner Feder und zu den kommenden Weltmeisterschaften (1998/ 99) wird er den „One More Time" vorstellen.

Natürlich kann auch A.T. auf zahlreiche Auszeichnungen verweisen, so erhielt er unter anderem in diesem Jahr den Lighthouse Beacon Award für seine Bemühungen um Förderung des Country Western Tanzes bei bei der Atlantic Seashore Country Western Dance Fair.

Im Jahre 1997 war A.T. Kinson Preisrichter bei den Europameisterschaften und in diesem Jahr leitete er zahlreiche Workshops, u.a. in Berlin, in Deutschland. Unvergessen bleibt eine fröhliche Runde in einer Ur-Berliner Kneipe, die wir mit Jim Ainsworth und A.T. nach einer Sightseeing Tour durch Berlin besuchten und „betanzten".

A.T. Kinson

10550 Village Drive 201-B
Seminole, Florida 33772
USA
Tel.: (001) (727) 393 7060

eMail: chawithme@juno.com

Pedro M. Machado Jr.

1970 in Washington, D. C., geboren, lebt Pedro heute in Maryland. 1993 begann er in der Cancun Cantina in Maryland seine Karriere als Tänzer.

Pedro gewann als Linedancer zahlreiche Wettbewerbe. Im Jahre 1996 wurde er CWLDA (Country Western Line Dance Association) International Grand Champion in der Advanced und Outlaw Division. Er konnte im gleichen Jahr bei den CDA in South Carolina den „Spirit of Country Western Dance Award" entgegennehmen. Als erster Tänzer qualifizierte er sich für die UCWDC – Masters Line Dance Division. Er ist UCWDC – Europameister/Advanced/ Renegade) 1997 und Weltmeister 1997 und 1998. Auf den 98er Weltmeisterschaften wurde er zu den „Top Three", den populärsten Linedancern weltweit geehrt.

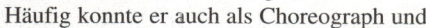

Häufig konnte er auch als Choreograph und Trainer zahlreicher Teams und Einzeltänzer Erfolge für sich verbuchen.

Sein Engagement gilt vor allem auch dem Nachwuchs. Herausragend dabei sein Einsatz für behinderte Kinder. Die Zusammenarbeit mit dem St. Jude's Children's Hospital in den USA und seine Hilfe bei der Gründung unterschiedlicher Stiftungen von Kinderhilfsorganisationen auch in Europa zeugen von seinen Bemühungen, den Bereich Jugendarbeit wirklich umfassend abzudecken. Für Januar 1999 ist ein Event für behinderte Kinder in Kanada geplant.

Pedro ist nicht nur ein hervorragender Tänzer in Wettbeweben, er kann auch genauso gut einfach „just for fun" tanzen und dabei richtig Dampf ablassen.

Styling, Ausführung und korrekte Technik sind Pedros Hauptattribute, die er als ausgebildeter Tanzlehrer auf Workshops in USA und Europa (u. a. Disneyland Paris) unter Beweis stellt. Entertainment und Motivation sind weitere Punkte, die ihn auszeichnen.

Erwähnenswert sind auch seine Funktion als Preisrichter bei allen wichtigen, auch über die USA hinaus bekannten Events, wie z. B. TNN Wild Horse Saloon Dance Competition. Seine Videos werden in Kürze erscheinen.

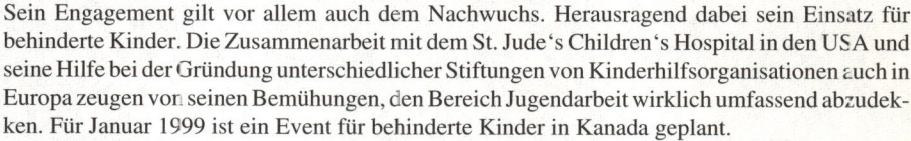

Pedro M. Machado Jr.
7510 Brooklyn Bridge Road
Laurel, MD 20707
USA
Tel.: (001) (301) 776 7846

PETER METELNICK

Peter wurde im Jahr 1997 als Kanadas Choreograph des Jahres ausgezeichnet. Er choreographierte Tänze u. a. zur Musik von Lisa Erskine, Ronnie Beard und Chris Kelly aus Großbritannien. Viele seiner Tänze werden in allen namhaften Linedance Magazinen und auf Videos veröffentlicht. Auch TNN's Club Dance und die Wildhorse TV Shows zeigten seine Tänze.

Seit 1992 leitet er Tanzkurse, Workshops und so weiter. Er trainiert zwei Teams in London, Ontario. Peter wird in Europa, vor allem in England, für Workshops gebucht.

Ansonsten ist Peter Angestellter der Stadt im Bereich Seniorenfreizeit. Zur Familie gehört natürlich „dance free" Ehefrau Cathy und Kater Tilson, der ebenfalls nicht tanzt. Die zahlreichen Awards für Peters Leistungen aufzulisten, wäre bei dieser Anzahl ein echter Kraftakt. Nur um einen zu nennen: 2. Platz für die Choreographie des Line Dances „Shakin' All Over" 1998 beim Dance Team Showdown in Ft. Wayne, Indiana, ein Wettbewerb, bei dem 2300 Tänzer und 48 Teams teilgenommen haben!

Peter Metelnick

15 Blackfriars St.
London, Otario
Canada/ N6H 1K5
Tel.: (001) (519) 439 5990
Fax: (001) (519) 439 6037

Wo KANN MAN TANZEN ?

Saloons, Clubs und Kontaktadressen in Europa

Deutschland

A

American Dance Tours
James B. Ainthworth
Heerstr. 27 B
Flugplatz 65205 Wiesbaden

Tel./ Fax: 0611/ 718084
eMail : 106477.1122@compuserve.com

American Tie
Scharnweberstraße 118
13405 Berlin

Tel.: 030/ 41702960/ 61
Fax: 030/ 41702962
Internet: www.american-tie.de
eMail: am.tie@mail.blinx.de

B

Boot Stomping Dancers
Susi Beszon
Holsteiner Str.154
28219 Bremen

Tel.: 0421/ 3968170

C

Country Dance Club Renegade e. V.
Elfi Zdrojewski
Liebknechtstr. 4
99085 Erfurt

Tel.: 0361/ 5613723

Country Dancers 92 Gustavsburg
Heiko Roland
Rudolf-Diesel Str. 4
65462 Gustavsburg

Tel.: 06134/ 750 486

Country Diamonds
Werner May
Schulstr. 38
64331 Weiterstadt

Tel.: 06150/ 51964

Country Freunde Wiesbaden
Heidrun Straub
Sachsenstr. 6
65205 Wiesbaden

Tel.: 06122/ 980570

Country Kickers Bamberg
Manuela De Guire
Sonnenstr. 9
97514 Tretzendorf

Tel.: 09522/ 8673

Country Riders Höchstadt
Klaus Denner
Regnitzstr. 23
96114 Sassanfahrt

Tel.: 09543/ 3443

Country & W Club Gerlingen 1985 e. V.
Robert Ansperger
Stelzengasse 1
71706 Markgröningen

Tel.: 07145/ 6389

**Crazy Boots Westwood
Line Dancers e.V.**
Andrea Nieberle
Augsburger str. 12
86465 Heretsried

Tel.: 08293/ 6641

Crazy Legs Line Dancer
H.J. Tausend
Dr. Lehmer Str. 26
85435 Erding

Tel.+Fax: 08122/ 7243

E

Eagles
Monika Försch
Waldstr. 26
65468 Trebur

Tel.: 06147/ 8131

Elbvalley Dancers
Matthias Naake
Gesundbrunnen 61
01803 Müglitztal

Tel.+Fax: 035027/ 8515

Eldorado Phoenix Dancers
Iris Funkler
Eitlingerstr. 2
72800 Eningen

Tel.: 07121/ 88830

G

GCWDA
**German Country & Western Dance
Association**
1.Vorsitzende:
Manuela DeGuire
Sonnenstr. 9
97514 Tretzenedorf

Tel.: 09522/ 8673

Rose Grimmer

Tel.: 07158/ 65804

H

High Noon Saloon
Am Kirchberg 5
85283 Geroldshausen

Tel.: 08442/ 2337

Jeden 1. Und 3. Mittwoch ab 19.00 Uhr
Line Dance.

Hot Boots-Elmshorn
Paul Schneider bei R. Geisler
Kuhberg 23
25355 Barmstedt

Tel.: 04123/ 5312

I

In Cahoots Berlin
Susanne Schalewa/ Gert Wollschläger
Hermann-Hesse-Str. 31
13156 Berlin

Tel+Fax: 030/ 4856476
eMail: incahoot@blinx.de
Homepage:
http://www.western-saloon.de

K

K.u.F.-Verein e. V. – CW Line Dancer
Diana Lindner
Kirchstr.2
99334 Thörey

Tel.: 036202/ 82281

L

Little Phoenix Dancers
Bernd Ohms
Pfarrgartenstr. 16
71088 Holzgerlingen

Tel.: 07031/ 607022

M

Muffins C&W Club e. V.
Marlies Wojak
Leimenerstr. 16
63450 Hanau

Tel.: 06181 / 259362

N

Nashville Rodeo Dancers
Hans-Peter Kailing
Frankfurter Landstr. 99
63477 Maintal

Tel.: 069/ 425495

National Teachers Association (NTA)
State Director für Deutschland:
Iris Funkler
Eitlingerstr. 2
72800 Eningen

Tel.: 07121/ 88830

Nordlichter
J.P. Becke
Bahnhofstr. 15
18246 Bützow

O

Old Rhein River C&W Club Hamm e.V.
Friedrich Reinecker
Kirchstr. 48
67550 Worms

Tel.: 06242/ 2691

Open House Dancers
Erika "Dixie" Spahr
Röderbergweg 201
60385 Frankfurt a. Main

Tel.: 069/ 438821

P

Pullman City
Eging a. See bei Passau

Tel.: 08544/ 91317

R

Rattlesnake Saloon
Schneeglöckchenstr. 91
80995 München

Tel.: 089/ 1504035
Fax: 089/ 150 7911

Line Dance jeden Mittwoch
ab 20.00 Uhr.

Rhine Stone Line & Country Dancers
Uwe Dietz
Harscheidweg 109
45149 Essen

Tel.: 0201/ 714150

Richtershorn am See
Sportpromenade 15
12527 Berlin

Tel.: 030/ 6759924

Riverside Ranchers e.V.
Willi Bodenschatz
Ruhlandstr. 6a
63741 Aschaffenburg

Tel.: 06021/88988

S

Shenandoah Dancers e. V.
Hannelore Arndt
Heidenreichstr. 42
64287 Darmstadt

Tel.: 06151/ 421292

Small Town Dancers
B. Migga
Friedensstr. 15
14715 Stechow

Steppin' Country
Christine Gotzmann Zankl
Reutherfurth 1a
94538 Fürstenstein

Tel.: 08544/ 7952

T

Texas Country Oldie Club
Flinschstr. 2-4
Frankfurt a. Main- Riederwald

Tel.: 069/ 416710 od. 416715
Fax: 069/ 410185

Line Dance mit Tanztrainer Gerd jeden
Do. 20.00 – 22.00 Uhr

The Devil Dancers
Jan Brietze
Gottfried-Benn-Str. 1
15232 Frankfurt (O.)

Tel.: 0335/ 534277

Halloween
Peter Hoffmann
Johann-Eichhorn-Str.7
15232 Frankfurt (O.)

Tel.: 0335/ 543736

V

VFL-Zeilsheim 1950 e. V. –Siver Spurs-
Thomas Hochheimer
Saalfelder Str.3
65931 Zeilsheim

Tel.: 069/ 36409975

W

Western-Dancers Hot Boots
Thomas Scheurer
Feldstr. 11
56220 St. Sebastian

Tel.: 0261/ 805077

Western Inn
Dagmar Großer
Reppina 13
01665 Scharfenberg

Tel.+Fax: 03521/ 452230/ 452283

Western Saloon
Ollenhauer-Str. 124
13403 Berlin

Tel.: 030/ 4123013
Frank Lange Info:
Tel.+Fax 030/ 4128800
Homepage:
http://www.western-saloon.de

Tanzkurse:
Di., Mi. Do.
mit Susi und Gert (In Cahoots)
Jeden 1. Freitag im Monat
Line Dance Party

Wolf's Inn
Kleingartenanlage "Gemütliches Heim"
Kasinostr. 56a
12487 Berlin

Tel.: 030/ 63975890

135

Europa
England

Boot Scoot
Rodeo Ruth

Tel.: (0044) 0181 224 3434

British Western Dance Association
John/ Janette Sandham
71 Sylvancroft, Ingol
Preston PR2 7BN England

Tel.: (0044) 077 273-4324

Fort Alamo
The Premier Country & Western Dance
Club in the North West
Top Wickworth Street
Nelson, Lancs
(Junction 13 M65)

Tel.: (0044) 01282-459033

Princess Hall
Princess Way
Adlershot
Hampshire
Tel.: (0044) 01252-816440

Southeast Sidewinders Line Dance
Kirstie White

Tel.: (0044) 0171 474 6056

Tennesse Twisters Club
Middletown, N. Ireland

Tel.: (0044) 01861-531951

The Canyon Club
The H.G. Wells Suite
Woking Town Centre
Church Street East
Planets

Tel.: (0044) 0181-785 2652

Toe The Line Dance Club
Pershore, Worchester

Tel.: (0044) 01386-561456

Frankreich

American Dance Club
Carcassonne, Marseille
Mary Perez

Tel.: (0033) 468 553768

Les Amis Du Far West
64 Rue Desire Preaux
93100 Montreuil
Maureen Jessop

Tel.: (0033) (01) 4859 9153

New Steppin' Country Club - Lille
252 Bis Bd Gambetta
59200 Tourcoing
Frankreich
Tel.: (0033) 320 24 46 08
Fax: (0033) 320 09 60 25

NTA State Director
Robert Wanstreet
106 rue de la Roquette
75011 Paris

Tel.: (0033) (01) 43 48 00 69
EMail: cwdanse@club-internet.fr.

Holland

Herman & Rija Falkenberg
In de Meigraaf 14
6451 DA Schinveld

Tel.: (0031) 045 5276412

Kanarische Inseln

Rancho Texas
Puerto Del Carmen
(Lanzarote)
Jane Mitchel

Tel.: (0034) 928 173247 /48
Oder (0034) 928 529261

The Dance Ranch, Opp Mediterranean
Palace Hotel
Playa De Las Americas
(Teneriffa)
Bernie

Tel.: (0034) 2275 3305

Schweiz

NTA State Director
Barbara Dietsche
Martinsberg 36
5400 Baden

Spanien

Mississippi Willow & Bonanza Bar
Costa Azul Hotel
Benalmadena Costa (Costa Del Sol)
Martin & Simone

Tel.: (0034) 910 353323

R.T.'s Line Dancing
(Costa Del Sol)
Gary & Marilyn

Tel.: (0034) 952931471

Salt Lake Stompers, The Oasis Bar
Torreta
John Halls

Tel.: (0034) 66922866

Türkei

Buffalo Bar
Joanna

Tel.: (0090) 252 614 5783

138

Alabama

Southern Country USA
711 Shelton Beach Road
Saraland, AL 36571

Midnight Rodeo
5348 Oporto Madrid Blvd. South
Birmingham, AL 35210

Tel.: (001) 205 591 4885

Alaska

Long Branch Saloon
1737 E. Dimond Blvd.
Anchorage, AK 99507

Tel.: (001) 907 349 4142

Arizona

The Barn
6508 W Bell Road
Phoenix, AZ 85023

Tel.: (001) 602 797 1282

Branding Iron Saloon
3901 East Thomas Rd.
Phoenix, AZ 85018

Tel.: (001) 602 244 1179

Arkansas

Midnight Rodeo
University Plaza
Little Rock, AR 72209

Tel.: (001) 501 562 4666

Bad Bobs Country Night Club
2204 E Harding
Pine Bluff, AR 71611

Tel.: (001) 501 535 3219

California

INCAHOOTS
5373 Mission Ctr. Road
San Diego, CA 92108

Tel.: (001) 619 291 1184
Fax: (001) 619 291 1723

Top Tänzer! Von Line Dance über Two
Step, Swing und Hustle etc. wird alles
getanzt. Nichtraucher!

Cowboy Boogie Company
1721 S Manchester Ave.
Anaheim, CA 92802

Tel.: (001) 714 956 1410

Colorado

The Grizzly Rose
5450 North Valley Highway
Denver, CO

Tel.: (001) 303 295 2353

The Rose
2993 North Ave.
Grand Junction, CO 81504

Tel.: (001) 303 245 0606

Florida

Cheyenne Saloon/ Church Street Station
129 West Church Street
Orlando, FL 32801

Tel.: (001) 407 422 2434

Joyland
11225 US 19
Clearwater, FL

Tel.: (001) 813 576 1919

Freie Tanzstunden täglich (außer Mo.)
ab 19.00 Uhr

Swing City Dance Studio
7532 N. Armenia Avenue
Tampa, Florida

Tel.: (001) 813 935 7458

Stampede Saloon
2480 E. Bay Drive
Largo, FL 34641

Tel.: (001) 813 536 2668

Georgia

Two Steps West
3535 Chamblee Tucker
Atlanta, GA 30341

Tel.: (001) 404 936 8112

Cowboys Of Atlanta
1750 North Roberts Rd.
Kennesaw, GA 30144

Tel.: (001) 404 426 5006

Hawaii

Gussie L'Amour's
3251 N Nimitz
Honolulu, HI 96819

Tel.: (001) 808 836 7883

Idaho

Rock 'n Rodeo
1005 South Capitol Blvd.
Boise, ID 83706

Tel.: (001) 208 338 5555

Illinois

Prairie Land Dance Club

Tel.: (001) 217 486 3691
Internet: www.mediastar.com/
prairieland/

Kein Alkohol, Raucher- und Nichtraucher-
zonen!
Es tanzen Tänzer aller Levels- vom Anfänger bis zum Wettbewerbstänzer.
Unterrichtet wird Line Dance und Paartanz.

Indiana

Rockin' Ranch
1035 Summit Street
Crown Point, IN 46307
Gene and Nancy Martin

Tel.: (001) 219 663 0133

Mike's Music & Dance Barn
2277 West State Road 46
Nashville, IN 47488

Tel.: (001) 812 988 8636

Iowa

Country Connection Bar & Dance Club
609 Mount Vernon Rd.
Cedar Rapids, IA 52403

Tel.: (001) 319 363 7411

Kansas

Cactus Cantina & Grill
2802 S. Hydraulic
Wichita, KS 67216

Tel.: (001) 316 529 0238

Remington's New Country Ent.
1155 Wanamaker Rd.
Topeka, KS 66604

Tel.: (001) 913 271 8751

Kentucky

My Kinda Kountry Klub
524 Dunn Street
Franklin. KY 42134

Tel.: (001) 502 586 6118

Live Bands jede Nacht, alkoholfreier Club,
freitags viele Senioren und Square Dance,
samstags Paartanz und Line Dance

Louisiana

Cajun Hall
7101 Florida Blvd.
Baton Rouge, LA 70806

Tel.: (001) 504 928 3989

Mudbugs Saloon
2024 Belle Chase Highway
Gretna, LA 70056

Tel.: (001) 504 392 0202

Rapids On The Reservoir
PO Box 24455
New Orleans, LA 70184

Tel.: (001) 504 488 8821

Maine

Shelley's Bar
12 Lincoln Street
Biddefort, ME 04005

Tel.: (001) 207 698 1862

Maryland

Cancun Cantina
7501 Old Telegraph Rd.
Glen Burnie, MD 21076

Tel.: (001) 410 761 6188

Hier begann Pedro Machado mit dem Tanzen!

Country Junction
11410 Rockville Pike
Rockville, MD 20851

Tel.: (001) 301 231 5762

Big Boss: Barry Durand!

Massachusetts

Sundown Saloon
Plain St.
Mansfield, MA 02048

Tel.: (001) 508 339 9098

Missouri

Guitars & Cadillacs
Hwy. 65 & 248
Branson, MO 65616

Tel.: (001) 417 332 1007
Fax: (001) 417 332 0012
Entertainment Director: Andy Coin
tourte als Musiker 25 Jahre mit vielen
Größen der Country Music durch die Staaten und kann viel erzählen!

Andy Coin
Line Dance wird zu 3 unterschiedlichen
Musikrichtungen gelehrt.

Michigan

Howlin' Moon Saloon
141 28th Street SE
Grand Rapids, MI 49508

Tel.: (001) 616 245 7417

Wild Mustang Bar & Grille
18728 Ford Rd.
Detroit, MI 48228

Tel.: (001) 313 593 1645

Minnesota

Gatlin Brothers Music City Grille
E-402 E Broadway
Mall of America
Bloomington, MN 55424

Tel.: (001) 612 858 8000

Mississippi

Ropers Rockin' Country
2410 Oferral St.
Hattisburg., MS 39401

Tel.: (001) 601 544 5709

Montana

Desporado's
145 Regal
Billings, MT 59101

Tel.: (001) 406 248 3404

Im Sommer teilweise Freiluft mit
Swimming Pool und Bull Riding
(Live Stock)!

The Eagle's Nest
1516 Fourth Ave. North
Billings, MT 59103

Tel.: (001) 406 252 8505

Nebraska

Cadillac Ranch
2499 Freedom Park Rd.
Omaha, NE 68110

Tel.: (001) 402 346 6822

Nevada

Dillon's Dance Hall & Saloon
4660 Boulder Hwy.
Las Vegas, NV 89121

Tel.: (001) 702 451 4006

Sam's Town
5111 Boulder Hwy.
Las Vegas, NV 89122

Tel.: (001) 702 456 7777

New Hampshire

The Neon Moon
40 Canal Street
PO Box 371
Lancaster, NH 03584

Tel.: (001) 603 788 3737

New Jersey

El Paso Saloon
G3 Twin Lights Court
Highlands, NJ 07732

Tel.: (001) 908 872 0914

New Mexico

Boot Scoots
1200 Candelaria NE
Albuquerque, NM

Tel.: (001) 505 839 4345

New York

Denim & Diamonds
511 Lexington Ave.
New York, NY 10017

Tel.: (001) 212 371 1600

North Carolina

Coyote Joes
4621 Wilkinson Blvd.
Charlotte, NC 28208

Tel.: (001) 704 399 4946

North Dakota

Cactus Jacks
3402 Interstate Blue
Fargo, ND 58103

Tel.: (001) 701 232 8110

Ohio

The Yellow Rose
111 East Forth Street
Dayton, OH 45402

Tel.: (001) 523 461 3241

Oklahoma

In Cahoots
2301 South Meridian
Oklahoma City, OK 73108

Tel.: (001) 405 686 1191

Oregon

East Bank Saloon
727 SE Grand
Portland, OR 97214

Tel.: (001) 503 231 1659

Pennsylvania

North East Philly Saloon
821 Roosevelt Blvd.
Philadelphia, PA 19140

Tel.: (001) 610 332 8784

South Carolina

Desperados
5935 Rivers Avenue
N. Charleston, SC 29406

Der ultimative Platz für Line Dancer in
Charleston und der größte Club in South
Carolina!

South Dakota

Barrowed Bucks
3609 S Western Ave.
Sioux Falls, SD 57105

Tel.: (001) 605 331 2448

Tennessee

Cotton Eyed Joe
Lovell Road I-40
Knoxville, TN 37932

Tel.: (001) 423 675 4563

Arbeitsplatz vom DJ

Silverado Dance Hall
1204 Murfreesboro Road
Nashville, TN 37217

Tel.: (001) 615 361 9922
Nashville Swing Dance Club
Tel.: (001) 615 641 0554

Montag Nacht tanzt hier der Swing
Dance Club mit Kevin & Vickie Vance
Johnson und Barry und Dari Anne
Amato.

Texas

Billy Bob's
2520 Rodeo Plaza
Ft. Worth, TX 76106

Tel.: (001) 817 624 7117
Fax: (001) 817 626 2340

Cowboys
2540 E. Abrams
Arlington (Dallas Area)

Tel.: (001) 817 265 1535

Dalton's
2017 N. Frazier D-3
Woodcrek Shopping Center
Conroe, TX 77301

(001) 409 756 0515

Kenny King, Manager

Leon Springs Dance Hall
24135 IH10 West
San Antonio, TX
Tel.: (001) 210 698 7072

Longhorn Saloon
Burnet Road
Houston, TX 5434

Tel.: (001) 512 458 1813

Top Rail Club
2110 W. Northwest Hwy.
Dallas, TX 75220

Tel.: (001) 556 9099

Utah

The Westerner Club
3360 South Redwood Rd.
Salt Lake City, UT 84119

Tel.: (001) 801 974 5943

Der Top - Club in Salt Lake City!

Virginia

Bellwood Dance Hall
5002 Jefferson Davis Hwy.
Richmond, VA 23234

Tel.: (001) 804 275 9841

Washington

The Riverside Inn
14060 Interurban Ave S
Seattle, WA 98168

Tel.: (001) 206 244 5400

West Virginia

Wild Horse Saloon
Worthington, WV 26591

Tel.: (001) 304 287 7765

Wisconson

Grizzly Rose Saloon
1905 North Irwin Ave
Green Bay, WI 54302

Tel.: (001) 414 433 9521

Wyoming

Cowboy Saloon & Dance Hall
108 South Second Street
Laramie, WY

Tel.: (001) 303 721 3165
Saddle-Lite Saloon
1704 Elk Street
Rock Springs, WY

Tel.: (001) 307 362 8704

Auch in den USA ändern sich Telefonnummern und manchmal zieht auch ein Saloon um, bzw. schließt seine Pforten gänzlich. Deshalb: Alle Angaben ohne Gewähr! In vielen der angegebenen Saloons haben wir selbst getanzt. Ungefähr 200 weitere Saloons sind in unserem Fundus.

Home of InCahoots
Western Saloon Berlin

149

LINE DANCE IM INTERNET

Das Internet hat sich in den letzten Jahren immer mehr zur unentbehrlichen Informationsquelle auf allen Sachgebieten herauskristallisiert. Zu Allem und Jedem bietet das World Wide Web (www) schier unerschöpflich scheinende Informationen. Selbstverständlich auch zum Thema Line Dance.
Am einfachsten findet man die vielfältigen Homepages der einzelnen Organisationen, Clubs etc. über die sogenannten Suchmaschinen im Internet. Die bekannteste Suchmaschine ist Yahoo. Zu erreichen unter der Internet-Adresse: **www.yahoo.com.** Von der Suchmaschine Yahoo gibt es auch lokale Ableger, so z.B. **www.yahoo.de** für Deutschland. Ist man bei einer Suchmaschine gelandet, beginnt man, indem man unter der Option Suchbegriff z.B. die Worte „Line Dance" oder „Line Dancing" eingibt und dann die Suche startet. Nach wenigen Augenblicken bietet die Suchmaschine einen Überblick über die gefundenen Sites oder Web-Pages. Nun kann das Surfen richtig beginnen. Bei etlichen Websites gibt es die beliebten Links, d.h. Verweise, mit denen man direkt zu weiteren interessanten Seiten aus dem gleichen Themengebiet kommt.
Wir haben einige Homepages zum Thema Line Dance besucht und haben hier eine kleine Auflistung von Internet-Adressen, die wir für sehr empfehlenswert erachten, für Euch aufbereitet. Diese Auflistung erhebt keinerlei Anspruch auf Vollständigkeit. Sollte hier die eine oder andere wichtige Internet Adresse fehlen, würden wir uns über eine kurze Nachricht an den Verlag freuen. Wir werden diese dann in der nächsten Auflage aufnehmen.

Organisationen:
www.ucwdc.com/
Unter dieser Adresse erreicht man die Website des United Country Western Dance Council, welches die Hauptorganisation für Country & Western Dance ist. Hier findet man Informationen zu den größten Dance Events, zur Weltmeisterschaft und weiteren Aktionen des UCWDC.

www.apci.net/~drdeyne/nta.htm
Hier findet man die Website der National Teachers Association, also die Vereinigung der Country & Western Tanzlehrer rund um die Welt.

Allgemeine Informationen zum Line Dance
www.apci.net/~drdeyne
Wer diese Adresse im Internet besucht, findet den Information Super Dance Floor von Don Deyne. Diese Homepage zählt zu den aufwendigsten und tollsten Websites für Country & Western Tanzfreunde. Jede Menge Informationen rund um den C & W Tanz, Unmengen von ladbaren Schrittfolgen (in englisch), sowie eine Linkseite, die von Don Deyne`s tollem Dance Floor tief in die unendlichen Weiten des Internets führen kann. Sicherlich ein Muß beim Internet-Surfen!

151

www.kickit.to/ldance.htm

Aufwendig, bunt gestaltete Homepage eines Liebhabers von Line Dance und Jugendfußball (ja richtig). Mit der obigen Adresse gelangt man allerdings sofort auf die Line Dance Seiten. Hier findet man viele englische Tanzbeschreibungen (Schrittfolgen, Step Descriptions), Hinweise und Adressen zu Choreographen, Musiktips und eine aufwendig zusammenge-stellte Seite mit tollen Links.

ourworld.compuserve.com/homepages/gothard/homepage.htm

Unter dieser Web Adresse gelangt man zur Line Dance FAQ Home Page. FAQ bedeutet: Frequently asked questions oder auf deutsch - immer wieder gestellte Fragen.

Hier werden fast alle offenen Fragen zum Thema Line Dance beantwortet, somit ist diese Website eine wahre Fundgrube für Line Dancer. Man findet Unmengen an Informationen zu Choreographen, Schrittfolgen, Dance Floor Etiquette uvm.

www.linedancefun.com

Die Website für Line Dancer in der San Francisco Area.

Honky Tonks

www.gate.net/~cowboy1/states/index.htm

Diese Website ist interessant für alle Tänzer/innen, weil man hier problemlos fast alle Saloons, Honky Tonks etc. in den USA findet. Über einen kurzen Klick auf die Landkarte der USA gelangt man in den Bundesstaat, den man sucht und erhält eine Auflistung der einzelnen Honky Tonks. Bei Saloons mit eigener Homepage bekommt man sofort die Möglichkeit diese mit einem weiteren Klick zu besuchen. Eine tolle Sache dieser C & W Club Locator.

www.vic.com/cej/

Dies ist die Adresse des Country & Western Club Cotton Eyed Joe. Hier findet man das wöchentliche Programm etc. Eine schöne Website.

German Webpages zum Thema Line Dance

www.western-saloon.de

Im Western Saloon in Berlin sind die Tänzer/innen von InCahoots, also auch unsere Autoren Susi & Gert zu Hause. Beim Western Saloon findet man die Termine der Tanzkurse von InCahoots, Kontaktadressen sowie alle Dates des Western Saloon.

members.aol.com/gcwdc/index.html

Unter dieser Adresse findet man im Internet die Homepage von Jörg Hammer und den Internationalen Deutschen Meisterschaften im C & W Dance. Auf dieser Homepage sind die Ergebnisse der jeweiligen German Open nachzulesen, hier findet man Programmabläufe der Championchips und vor allem auch die internationalen Regeln für Meisterschaften im Country & Western Dancing

home.t-online.de/home/rainer.junck/ld_haufn.htm

Website des 1. Münchner Line Dance Haufn mit Infos zum Club, zu Übungsabenden etc.

Und dann gibt es noch ...
www.tiacnet/users/twostep/c&w-ency.htm
Hier ist die Homepage der Encyclopedia of Country Music & Dance. Aufgepaßt - hier ist
nicht alles umsonst! Kleine Informationen werden kostenfrei abgegeben, aber das Hauptau-
genmerk liegt auf dem Verkauf und Vertrieb von Druckwerken zum Thema.

Hop in Boots
Neuer Guinness Buch Rekord im Line Dance

Mitte Juli trafen sich die Line Dancer auf dem Aerodrome in Berlin, um einen neuen Rekord im Line Dance für das Guinness Buch der Rekorde aufzustellen. Trotz strömenden Regens gelang dieses Unterfangen. 767 Tänzer/innen zählten die ausgewählten Zeugen.

Knapp über 1000 Besucher/innen und Tänzer/innen bevölkerten das Aerodrome in Berlin Reinickendorf, das direkt am Flughafen Tegel liegt. Die Veranstalter hatten zwar mit ca. 2000 Personen gerechnet, aber wie so oft in diesem Jahr machte auch hier das Wetter einen gewaltigen Strich durch diese Kalkulation. Mehrfache heftige Regenschauer hielten wohl viele Tänzer/innen ab. Umso bewunderungswürdiger die Tanzfreudigkeit der Anwesenden. Die eigens für diese Veranstaltung errichtete riesige Tanzfläche war jederzeit gut gefüllt. Endlich einmal hatten die Anhänger des Line Dance ausreichend Platz und Gelegenheit, zu ihren Lieblingshits zu tanzen. Zusätzlich zur hervorragenden Country Music Discothek von New Country DJ Willie gaben auch die Bands Rawhide und The Union im Verlauf der Veranstaltung ihre musikalische Visitenkarte ab, mußten aber leider feststellen, daß die Tänzer sich kaum mehr mit live dargebotener Musik anfreunden können. Eine Entwicklung, die durchaus nachdenklich stimmen sollte.

Der Topact war die eigens aus den USA angereiste Queen der Honky Tonk Dancefloors, Ms. Scooter Lee, die frenetisch gefeiert wurde. Zu ihren Hits wie „Honky Tonk Twist", „Dizzy" und „Rompin` Stompin`" tanzten die begeisterten Line Dancer ihre Lieblingstänze. Scooter Lee, die nach ihrem Auftritt den Fans bereitwillig für Autogramm- und Fotowünsche zur Verfügung stand, war von der Veranstaltung und dem Publikum höchst begeistert. Das Konzept von Hop in Boots kam allgemein bei den aus vielen Regionen Deutschlands angereisten Tänzer/innen sehr gut an, sodaß im kommenden Jahr sicherlich eine zweite Veranstaltung dieser Art in Berlin stattfinden wird. Darauf dürfen sich alle Line Dancer schon heute freuen.

Zwei glückliche Besucher dürfen in der Zwischenzeit sogar direkt in den USA für die nächste Line Dance Veranstaltung üben, denn sie gewannen zwei Flüge in die Vereinigten Staaten, die von Continental Airlines zur Verfügung gestellt wurden.

So fand kurz nach Mitternacht eine tolle Veranstaltung ihr Ende, die Appetit auf mehr gemacht hat. Vielleicht zeigt sich Petrus ja im nächsten Jahr auch von seiner Schokoladenseite, damit wir gemeinsam den Rekord im Line Dance noch weiter nach oben schrauben können.

See you on the dancefloor

Hop in Boots

Aerodrome Berlin Tegel

Die bestens gefüllte Tanzfläche

Susi Schalewa
beim Line Dance Workshop

Scooter Lee inmitten ihrer Fans

Der Münchener Line Dance Haufn

CITY-ROCK MUSIC COMPANY

Mobile Country-Music-Discothek mit

 ## COUNTRY-D.J. MARION

AKTUELLE COUNTRY-CHARTS
LINE-DANCE-NEWS & CLASSICS
TWO-STEP & OLD TIME COUNTRY
AUCH MIT KOMPLETTER ANLAGE
AUF WUNSCH MIT BANDVERMITTLUNG

SCHARNWEBERSTR. 118
D- 13405 BERLIN
TEL. +49 / 30 / 41 78 39 36
FAX +49 / 30 / 41 78 39 37
MOBIL 0171 / 753 66 23

ALS HAUS-D.J. DES WESTERN-SALOON BERLIN AUCH ZUSAMMENARBEIT MIT DEN
INCAHOOTS BERLIN

157

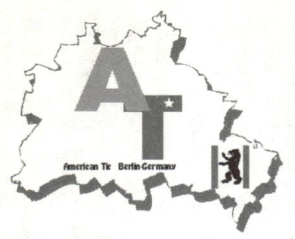